反抗期まるごと解決BOOK

著　教育評論家
親野智可等
イラスト・マンガ
ぴよととなつき

はじめに

・我が子が反抗期になってがらりと変わってしまった
・育て方が悪かったのか？
・いつもブスッとして不機嫌な感じで、こちらの気も滅入ってしまう
・話しかけてもろくに返事もしない
・たとえ返事が返ってくるとしても「別に」「うぜえ」「はあ？」など……
・どう接していけばいいのか分からない
・問題行動に対してどう対処すればいいのか分からない

子どもが反抗期になると、こうした悩みを持つ親御さんが多いと思います。かわいかった我が子が今では見る影もなく別人のようになってし

まったとなれば、親としては悩ましいですよね。

とはいえ、反抗期は子どもが順調に育っている証拠でもあります。しっかりした自我を形成するために大人や社会に反抗する必要があるのです。おまけにこの時期はホルモンバランスが崩れていて体も心も不安定です。

また、学校や塾での人間関係が非常に気になる時期でもあります。勉強も難しくなり、進路についても考えなければなりません。本当に心の中は疾風怒濤の毎日でストレスがいっぱいなのです。相手が親だから安心して反抗しているという面もあります。それを受ける側の親としては大変ですが……。

発達心理学者の森口佑介京都大学准教授によりますと、一般的に中学生の頃は小学生の頃よりキレやすくなるそうです。というのも、中学生は小学生よりさまざまな欲求が増えるのに、欲求を抑えるブレーキ役の前頭前野がまだ十分に発達していないからです。

もちろん小学生もブレーキは未発達ですが、欲求するアクセルもまだそれほど強くありません。それでバランスが取れていてそれほどキレないのです。でも、中学生になるとアクセルが強くなりすぎてバランスが崩れ、キレやすくなります。その後、高校・大学と成長するに連れてブレーキ役の前頭前野が発達するので、またバランスが取れるようになっていきます。

このようなことを頭に入れつつ「おっ、来た来た反抗期。順調に育ってるな。よし、この時期を味わい尽くそう」と自分に言い聞かせてください。そして、日頃から深呼吸を心がけ、大きくドデ～ンと構えるようにしましょう。

「具体的にはこういうときどうすればいいの？」というお悩みに対してはぜひ本書をご参考にしてください。本書には、反抗期に生じる諸々の悩みについて、具体的な対処法や親としての心構えについてできるだけ多くの事例を載せてあります。

見出しも分かりやすくしてありますので、具体的な困り事が生じたときに調べてみる事典としてもお使いいただけます。

また、現在子育て真っ最中のぴよととなつきさんのマンガも、クスッと笑える清涼剤としておすすめです。

ぜひ、本書を反抗期の子を持つ皆さんの座右に置いていただければと思います。

親野智可等

反抗期まるごと解決BOOK　目次

行動が遅い、毎日忘れ物ばかり、とにかくめんどくさがり……

Chapter 1 子どもの「ダラダラ」で悩んだらこれで解決！

Chapter 2 子どもの「自己中な態度」で悩んだらこれで解決！

気分のムラ多め、宿題やらずにゲーム依存、挑発するような言葉遣い……

自分の部屋に籠城、視線が合わない、
喋る方法忘れた？……

Chapter 3
子どもの「シカト」で悩んだらこれで解決！

壁に穴、ガラスにヒビ、
親に罵詈雑言の数々……

Chapter 4
子どもの「暴言・暴力」で悩んだらこれで解決！

中学受験&高校受験、不登校、友人とのビミョーな関係……

Chapter 5 子どもの「学校関連」で悩んだらこれで解決！

万引き、髪染め、うちの子がいじめの加害者？……

Chapter 6 子どもの「非行」で悩んだらこれで解決！

Chapter 7 親も「悩み期」真っ最中！

何をすべき？　何ができる？
子どもへの対応、これで良いのかな……

デザイン　加藤美保子
イラスト　ぴよとなつき
校正　聚珍社
進行　鏑木香緒里
編集　宮崎珠美（OfficeForet）

Chapter 1

行動が遅い、毎日忘れ物ばかり、
とにかくめんどくさがり……

子どもの「ダラダラ」で悩んだらこれで解決!

PICK UP!

Q01 やる気がなさすぎ！

口を開けば
「部活、ホントに嫌なんだけど！」
「あ～、塾なんて行きたくない」
「宿題多すぎてやる気しない！」ばかりの娘。
学校が大変なのも分かるけど、
帰宅後ずっとゴロゴロしている毎日で、
これはただの怠けグセなのではと思ってしまいます。
部活が本当に辛いようなら辞めさせてもと思うけど、
本人がどこまで深刻に悩んでいるのかもイマイチ伝わってきません。
ダラダラをやめさせて自分からやる気を出させるには？

（中学1年女子の母）

一生懸命に「ダラダラ」追求中!?

A

実はもう精いっぱい頑張っているのかもしれない

無気力な我が子を見ると気になりますよね。いつまでダラダラしてるんだろうと苛立つ気持ちも分かります。

でも実は、**この時期の子どもがダラダラゴロゴロするのはいたって普通**のことです。なぜなら彼らは毎日とても大変だからです。

学校生活や友人関係、難しくなる一方の勉強、自我の独立や葛藤への戸惑いなど……口には出していなくても心の中は疾風怒濤、ストレスをたくさん抱えています。せめて家の中ではリラックスしたくなるというもの。当然ダラダラすることになりますよね。

「ダラダラをやめさせて自分からやる気を出させる」ための劇的な方法は残念ながらありません。親は自分にできることをしつつ、後は子どものやる気が出るまで待つしかありません。ですが、親としてできることが3つあります。

1つめは、**親の正論はぐっと抑え、子どもの状況や言葉に共感すること**です。子どもはすぐ「めんどくさーい」「だるい」などと愚痴をこぼします。でもこのとき「何言ってるの？　ちゃんとやらなきゃダメでしょ！」と頭ごなしに叱るのはやめましょう。その代わりに「大変だね。あなたも忙しいね」と共感たっぷりに言ってあげてください。愚痴を聞いてもらえるだけで、子どものささくれた気持ちはすっと和らぎます。

「自分の辛さを分かってもらえた」と感じると、子どもは親に対する信頼が高まります。共感的に聞いてくれる親に対してなら、子どもは何か問題が起きたときも素直に伝えられるようになります。

2つめは、**子どもの熱中できそうなことを探し、親から提案してみる**ということです。日々の生活に無気力な子どもは「本当にやりたいこと」が見つかっていない状態かもしれません。

児童館や公民館、広報などのチラシ、ネットなどに子どもが体験できる活動が紹介されています。子どもは情報弱者であり、このような有益な情報を探すのが不得手です。親が手助けしてあげましょう。心から熱中できることが見つかると生きる意欲が湧き、生活習慣や勉強など、他のことにもプラスに働きます。

3つめは、**小言を封印すること**です。ダラダラしている子を見るとどうしても口うるさくなりがちです。しかし親が小言を言ってもこの時期、どうなるものでもありません。生活態度が改善するばかりかお互いのイライラが募って逆効果になることも。大抵のことは目をつむって受け流してあげてほしいと思います。

どうしても子どもに対してイライラが収まらないときは、物理的に子どもから離れてみるのも良い方法です。散歩に行ったり音楽を聴いたり、トイレに籠って「大丈夫、大丈夫」「落ち着け、落ち着け」など、好きな言葉を唱えてみましょう。また、深く息を吸い、ゆっくり吐く深呼吸もアンガーマネジメントに有効です。イライラしているのは、子どもでなく自分自身の問題であることに気づきたいものです。

ダラダラが今直らなくても、子どもは自分のやる気が出たときに動けるようになります。今はそれを待つときです。普段から少しずつ親子の良好な信頼関係を構築していくのが、親ができる最良のことです。

親野's POINT

これをお読みのお父さんお母さんも毎日頑張っている。目に見えてないだけで、怠けている人なんていないんです。

Q02

全てにおいて行動が遅い！　勉強の取りかかりや食事や、歩くペースまで。もう少しテキパキできないと学校でも影響があるのではと心配です。

（小学6年男子の母）

A

肯定的な声掛けを。動き始めるときは来ます

マイペースなお子さんに手を焼く親は多いと思います。あらゆることがゆっくりで、見ていてもどかしくなりますよね。私は小学校の教師として650人以上の子を担任してきましたが、その経験から言えることは、子どもが何年生でも、実際には**親御さんたちが心配するほど困ることはない**ということです。

学校にいるときは家より緊張していますので、その子なりに**家にいる**

ときよりもちょっとは素早く動くようになります。それに加えて、マイペースな子は癒し系でおっとりしている子が多く、友達にもよく好かれます。ですから、時間がかかるときは周りの子が喜んで手伝ってくれることが多いです。こういった助け合いが子どもたちの間で自然に生まれてきます。

私はそれでいいと思います。マイペースな子は普段から周りに癒しと安らぎを与えていますから、持ちつ持たれつの関係なのです。

気をつけたいのは、親が「もっと早くしなきゃダメでしょ！」などと叱ること。子どもの自己肯定感を低めてしまいます。**否定的な言葉はやめ、肯定的な言葉を掛けましょう。**自己肯定感がある子は必ず動き始めます。

待てる親であってください。親の仕事は待つことです。

Q03

息子が頻繁に忘れ物をしています。注意しても険悪な雰囲気になるばかり。この際本人が本当に困って懲りるまで放っておくべきですか？

（中学3年男子の母）

A

子どもに必要なのは放置でなくサポートです

「自分が困ればいつか懲りて直すよね。だから放っておこう」という**自業自得方式を採用している親御さんがいますが、これは間違い**です。

なぜなら子ども自身もまた自分の忘れ物が多いことに困っているのです。どう対処すべきか分からず、周りの助けを必要としています。そんな子どもに自業自得方式を用いるとどうなるでしょうか。

・ますます忘れ物をするようになり自己肯定感が持てなくなる
・授業に集中できなくて学力が下がる
・子ども自身も自業自得方式を身につけて、友達に冷たくなる
・冷たい親に対する愛情不足を感じる

こんなに毎日困っているのに、何一つ手を差し伸べてくれない冷たい親……そんな親に対して子どもは愛情不足や不信感を感じます。**「自分は親に愛されていないのではないか？」と疑ってしまう**のです。

中学生になってまで、と感じるかもしれませんが、**忘れ物の確認が苦手な子にはぜひ手助けしてあげてください。**「子どもが自然にできるような合理的な方法の工夫」と「子どものやる気が出るような言葉の工夫」の2つを意識してみましょう。例えば、学校へ履いていく靴の甲の上に持っていく物を書いた付箋紙を貼っておく、持っていく物を一つの場所に集めた「持ち物コーナー」を作っておく、などが有効です。

Q04 柔軟で吸収力のある子どもの時期に、めんどくさがり屋なところを直してあげたいと思うのですがうまくいきません。

（小学5年女子の母）

A 「子どものうちなら直る」は「集団的勘違い」

「子どもの困った性格や短所も子どものうちなら直る。大人になるとなかなか直らない。鉄は熱いうちに打てだ。子どものうちに直してやるのが大人の務めだ」という言葉を聞くことがあります。

実はこれは勘違いで、**困った性格や短所を子どものうちに直すのは非常に困難**です。なぜなら自己改造には本人の強烈なモチベーションが必要だからです。強い意志力や継続的な努力もいります。

しかし子どもというのは本質的に自己改造への強烈なモチベーションを持つことができません。子どもが自分の将来や人生を真剣に考えられるようになるのは早くても高校生くらいからです。小学生ではまず無理ですね。

この時期の親ができることは、**子どもが苦手としていることに対して合理的な工夫をしてあげたり、子どものやる気が出るような言葉を掛けてあげたりすること**です。でもそれでもうまくいかないこともあるでしょう。そういうときは長い目で見てあげてください。

「自己肯定感」と「他者信頼感」を持てるようにしてあげましょう。そうすれば、大人になってから子どもは自ら自己改造のスイッチ（やる気スイッチ・32ページのコラム1参照）を押せるようになります。子どもの人生は長いです。**子どものうちに完璧な人間に仕上げる必要はない**のです。

Q05

「できることは手伝わない」と決めて育ててきたけれど、子どもは結局ダラダラするばかり。このままでは自立した人間になれないのでは……。

（中学2年男子の父）

A

過度な親の願いは「欲」の裏返しです

「できることは手伝わない」という言葉には「やるべきことを自分でしっかりできる子になってほしい」という親の願いが隠れていると思います。

「何度も同じことを言われないで自分でできる子になってほしい。片づけもお手伝いも挨拶も進んでできる子になってほしいし、朝はさっと起きられて、脱いだ服は畳み、時間になったら登校できて……」

このような願いを親ならみんな無意識に持っています。でも現実の我が子はこの願いよりもはるか下を低空飛行、または潜水艦のように海の底を徘徊中……一向に浮かび上がってくる気配がありません。何とかしたいという思いから親は焦り、子どもを叱り続けてしまいます。叱られている子は愛情不足を感じ、それは子どもの存在基盤にかかわる不安感に変わっていきます。

「願い」といえば美しいですが、それは**親の欲であることに気づきましょう。**欲を完全にゼロにすることは難しいですが、1日1回でいいのでこの欲を脇に寄せて、**我が子のありのままを楽しんでみてください。**我が子の寝顔を見るのが一番いいと思います。

否定的な言葉を掛けられず、**親の愛情を実感できている子どもは前向きな気持ちになれ、**ひいてはそれが**自立への近道**となっていきます。そして、子どもが必要としているならば、できないことはもちろんできることであっても、親が手伝ってあげてほしいと思います。

Q06

兄は反抗期もなく、勉強も運動もできる優等生。対して弟は愛嬌はあるけどだらしなく生意気で手を焼いています。兄弟でこうも違うもの？

（高校2年＆中学1年男子の母）

A

「比べる病」にかかっていることに気づいて

同じ親から生まれた兄弟であっても性格や資質はそれぞれ違います。勉強や運動の出来に差が出るのは当然のことです。

無意識に子どもを比べて苦しんでしまうことを私は「比べる病」と呼んでいます。**親ならみんなかかる一種の病気のようなもの**です。

親は兄弟同士を比べて叱ることがよくあります。親としては「同じ兄弟なのになんでこの子はできないの？」という思いもありますし、比べて叱ることで、できない方を発憤させようという意図もあります。でも、**このような方法でやる気が出る子などいません。**

比べて叱られた子は「どうせ自分なんかダメだよ」と感じて、自分に自信が持てなくなります。また、比べられた相手を恨む気持ちも出てくるので兄弟仲にも影響します。そしてそれが生涯にわたって続く兄弟の不仲に繋がることもあり得ます。兄弟仲の良さというのは親が残すべき最大の財産であり、**関係にヒビが入るようなことは親としては避けなければなりません。**

読者のみなさんの中にも、子どもの頃に人と比べられて嫌な思いをした方がいるかもしれません。

「比べる病」は子育てにとどまらず、私たちの人生の全てにおける不幸の源です。ですから「もう比べない」と不退転の決意をしてください。子どもを比べそうになったら**「比べない。比べる病、ストップ」**と自分に言い聞かせましょう。そして、その子自身をよく見て、次のような方法を実行してください。

①その子自身の頑張りと成長を見つけて褒める

ほんのちょっとのことでもできて当たり前と思わず、**ちゃんと口に出して褒めてあげましょう。**

②その子自身の良い部分を褒めて応援する

親の応援があればさらに得意な部分を伸ばすことができます。一層自信が持てるようにもなるでしょう。

③一歩下がり法で現状を「ありがたい」と思い直す

例えば「この子は勉強ができない」と思ったら「文字が読めるだけでもあ

りがたい」と思い直してみましょう。**親の欲で勝手に一歩進みすぎているのです。**その分を一歩下がってみましょう。

④リフレーミングで短所を長所に言い換える

宿題をやらなくても平気で遊ぶ姿は、親には「怠けもの」とか「ずるい」という短所に見えます。でも、物事を見る枠組み（フレーム）を変えれば「神経が図太い」という長所に変換できます。

最後に付言しておきますと、**比べて叱るだけでなく、比べて褒めるのもよくありません。**例えば「弟はだらしがないけど、兄のあなたはしっかりしてるね」などです。このようなことを言われると、相手をさげすむ気持ちが出てくる可能性があります。また、物事をより深く考えられる子なら「自分がいないところでは自分のことを悪く言われているかも」と思う子もいるでしょう。いずれにしても、兄弟を比べるのは良くないのです。

COLUMN 1

将来自分で「やる気スイッチ」を押せる子にしてあげよう

25ページで「自己改造のスイッチ」についてお伝えしました。ここではそのスイッチについてもう少し詳しくお話ししたいと思います。

「自己改造のスイッチ」とは

だらしなかったり、勉強への意欲が低かったり、整理整頓が下手だったり……子どものマイナスな面が気になる親は多いと思います。でも「自己改造のスイッチ」を子どもが押せるようになると、より良い自分になるべく子どもが自ら動き出すようになります。このスイッチ、気になりますよね。

兄弟は同じ親から生まれますが、一人ひとり性格が違います。環境は同じ、親という見本も同じ、そして親の指導も同じ。でも兄弟は全く同じようには育ちません。これは一体何を意味するのでしょうか？　それは、生まれつきの資質が人格形成に大きく関与しているということです。

人生を構成する3つの重要な要素

人間の人生は3つの要素で決まります。その3つとは「資質」「環境」「本人の自由意志」です。

1つめの「資質」とは才能と性格を指します。才能とは、数字に強い・弱い、言葉による表現が得意・苦手、リズム感がある・ない、運動神経が良い・悪い、絵がうまい・下手、整理整頓が上手、下手などを意味します。性格とは、テキパキ行動できる・できない、せっかち・マイペース、社交的・内向的などを意味します。

2つめの「環境」で最も影響力が強いのは親という存在です。親の言葉は絶大です。褒めるのが上手な親か、または否定的に叱ってばかりの親かによって子どもの育ち方は変わってきます。

3つめの「本人の自由意志」は唯一、自分自身の力が及ぶ部分です。1つめの生まれつきの資質という点で恵まれていなくても、さらに、2つめの「親」という環境がひどかったとしても……本人の自由意志を発動できれば人生は変わっていきます。「こんなにだらしがないままでは自分の将来は真っ暗闇だ。なんとかしなければ」「このままでは仕事をクビになってしまう。真剣に直さなければ」「自分はこの夢を実現したい。そのためには、もっと時間を意識して行動しなければ」「私はこの資格を取りたい。そのためには、もっと勉強しなければ」。そのように自分で自分を変えようと思えたときが、スイッチを押せる瞬間です。

自由意志の発動はいつからか

自由意志の発動は早くても思春期以降、大体は大人になってからのことです。子どもというのは「自分の人生」とか「将来」をまだ真剣に考えることができません。これは大人が忘れがちな部分ですので、ぜひ心に留めておきたいのですが、子どもたちはみんな「今・ここ」に全力で生きています。過去も未来も関係なく今を一生懸命生きているのです。

一方の親は「こうなってほしい。これをさせなければ。ここまで引き上げなければ」という子への願いがあります。そんな親は子どもに自由意志の発動を望みますが、うまくいくはずがありません。そして目の前の子どもたちのありのままをかわいいと思えなくなっていきます。これは親がかかる病気のようなものです。

自己肯定感があれば自由意志を発動できる

子どもがやがて大人になり、スイッチを押すべきときが来たとします。しかしながらスイッチが押せないままの子もいます。どうしてだと思いますか？　それは自己肯定感が持てなかったからです。言い換えれば自己否定感に凝り固まってしまったためです。「自分はこんなことではいけない。なんとかしたい」と思っても「でも、ダメだろうな。どうせ自分なんかには無理だ」という思考回路にたどり着いてしまいます。

親に叱られることが多いと、自己肯定感を持ちにくくなります。「片づけしなきゃダメでしょ。何度言ったら分かるの」とか「先にやることやらなきゃダメでしょ。なんでちゃんとやらないの」など、親が生まれつきの資質を受け入れられずに、子どものうちにマイナスな面を直そうと思いすぎると叱ることが増えます。否定と叱責ばかりの育児は、子どもの生まれつきの資質が直らないばかりか、将来のスイッチも押せないようにしてしまいます。

親は子どもの自己肯定感を育てながら待つことが大事

このようなケースが本当に多いです。子どもが自己肯定感をしっかり持ち、将来自分でスイッチを入れられる子になるためには、親が目の前の子どものしょうもない姿を受け入れて許してあげることが大事です。何度も言いますが、子どものだらしない姿はその子のせいではなく生まれつきの資質です。もちろん、親のせいでもありません。ですから、親が自分を責める必要もありません。

親としては、ひたすら自己肯定感を育てながら待つことが大事です。やがて子どもが自分でスイッチを押す必要性を感じるときが来ます。そのときに押せる人にしてあげればいいのです。どうか子どもを大人の力で矯正しようとはせず、そのままを受け入れて見守ってあげてください。

マンガで break time 1

こんにちは、ぴよととなつきです！

はじめまして!! イラストレーターの ぴよととなつきです。
この本の イラスト・マンガを 担当してます。
3姉妹で育った私には 2人の息子がいるのですが
小4
小2
男の子の子育ては 未知の世界で不安だらけ。
中でも「反抗期」を迎えたら 親子関係はどうなって いくのか!?なんて考えたけど
お母さん 大好き!!
大好き!!
現在こんな感じなので 反抗期とかないかも しれないでーす♪
やっほーーう
あ〜〜 私もそんな 考え持ってた 時代があったわ!!
分かる 分かる
えっ
先輩ママの体験談
うちは小学校 高学年から 口が悪くなって いったよ〜
私なんて 最近会話も してくれないし。
壁にラクガキ してた頃なんて かわいいもんよ。 今じゃ殴って 穴開けるんだよッ
まさか うちの子に 限って…
「うちの子に限って」 なんて思ってるでしょ。

安心しろ!! 反抗期は大なり小なりみんなある!!
今こんなに仲良しなのに!?
ある。
きっぱり!!
頑張ってねー!!
子どもに勝とうとしちゃダメよー
でも大切な成長過程だからね!!
まだ時間があるから心構え学んでおきなー!
あぁっ…!! 待ってください先輩ママッ!!
子育ての階段
まだ先だと思ってた「反抗期」も、もしかして目前に迫っているかも
どう対応するのがいいのか知ってると子どもと良好な関係でいられるんだろうな…
反抗期 悩み
親野《おやの》…
智可等《ちから》
変わった名前の先生やなぁ
パァァァ…
!?
どうもこんばんは!!
教育評論家の「親野《おやの》智可等《ちから》」です。
皆さんの「反抗期の悩み」にお答えしますよ♪
にゅ
親野先生のアドバイスから今後の子育てのヒントを見つけたいと思います。

はじめまして！
この本でイラストとマンガを担当しています
「ぴよととなつき」と申します。
ブログやインスタグラムで日常マンガを描いていますので
どうぞそちらにも遊びに来てくださいね。

Instagram

Blog　http://piyototo.blog.jp
Twitter　https://twitter.com/naxkiiii

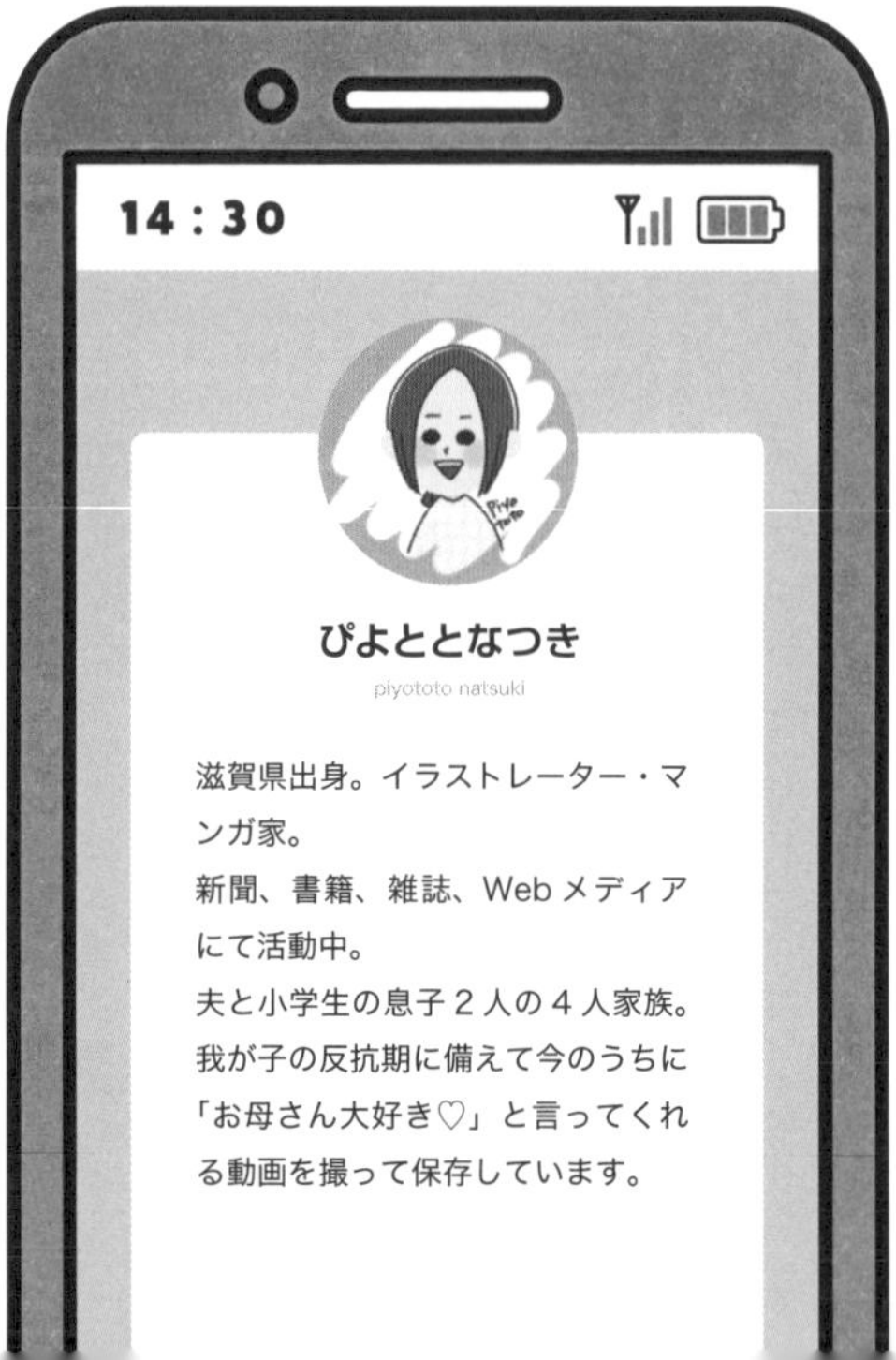
14:30
ぴよととなつき
piyototo natsuki
滋賀県出身。イラストレーター・マンガ家。
新聞、書籍、雑誌、Webメディアにて活動中。
夫と小学生の息子２人の４人家族。
我が子の反抗期に備えて今のうちに「お母さん大好き♡」と言ってくれる動画を撮って保存しています。

Chapter 2

気分のムラ多め、宿題やらずにゲーム依存、
挑発するような言葉遣い……

子どもの「自己中な態度」で悩んだら これで解決！

PICK UP!

Q07 親のことナメてる？

「玄関の靴は揃えて」「提出物の紙見せて」と伝えても
一向に行動してくれません。
同じことを何度も言うハメになるので
どんどん険悪な雰囲気になってしまいます。
しつこく言うと**「は？」とこちらを小バカにするような目で**
睨んでくることもあり、イラッとします。
ナメられているように感じることも。
こちらが冷静になるべきなのは分かっていますが、
あまりに毎日のことでストレスが溜まります。
どう対処するのがベストですか？

（中学2年女子の母）

え、これって「甘やかし」!?
やっぱり放置すべき？

A

子どもが受け入れやすい言い方をしてみよう

反抗的の子どもにこちらの希望や都合を聞き入れてもらうのは骨が折れますよね。そんなときは次の2つのやり方が有効です。

①お尋ね型

・〇〇を頼んでいい？
・塾で疲れてるところ悪いんだけど、〇〇してもらえるかな？
・〇〇してくれると助かるんだけど、今できる？

など、**子どもが「自分に選択権があると感じられる」依頼のしかたをしてみましょう。**「〇〇してよ」などの強圧的な言い方だと素直に聞けない子もいるものです。

②相談型

・○○したいんだけど、どうしたらいいと思う？
・時間がなくて○○ができそうにないんだけど、どんなやり方がいいと思う？

など、**相談しながら答えを一緒に考えてもらいましょう。**例えば子どもの靴が玄関で乱雑に散らかっていたとします。そんなとき「脱いだ靴をちゃんと揃えなきゃダメでしょ！　何度言ったらできるの？」などと言ってもうまくいきません。それよりは「○○さんの家に行ったら玄関がとても綺麗でね、玄関で家の印象が変わるなあって思ったよ。うちは玄関周りが片づかないんだけど、何かいい方法ないかな？」などと相談してみます。そのとき本人は、自分の靴が原因だということには気づいていないかもしれません。それでも、子ども自身も片づかない玄関のことを考えて「こうすればいいんじゃないの？」と、何か提案してくれる可能性も出てきます。

さて、このように提案すると「ご機嫌取りみたいな言い方」「結局子どもに媚びろってこと？」「親なんだからバシッと強く言って子どもに分からせればいいじゃないか」という意見が出るときがあります。この深層心理にあるものは何でしょう。

「子どもにナメられてたまるか」という気持ちです。

お伺いを立てるような言い方や相談形式のコミュニケーションを取ることで、自分が子どもに負けたような気持ちになるのです。さらに言えば、その苛立ちの原因は自分に対して自信が持てていないところにあります。つまり、**子どもに上から目線で言うことで相対的に自分を上位に来させている**わけです。

無意識に「子どもには負けられない。立場が上であると分からせたい」という認識にとらわれているのです。大人であればそれに気づいていることが大事です。

そのまま気づかないでいたらどうなるでしょう。子どもに対してイライラをぶつけ、ひどい言葉を使い続けることになります。そして、親子関係が崩壊した後でもそれを子どものせいにして済ませてしまいます。

自分の自我の満足より、親の言葉が子どもに与える影響を優先することが大事です。特に思春期・反抗期の子どもには上から目線の命令口調はうまくいきません。むしろ逆効果と知っておきましょう。

親野's POINT

一方的・強圧的に押さえつける言い方ではなく子どもが「自分に選択権がある」と思えるように伝えてみよう。

Q08

ゲームやスマホに依存している息子。ずっと画面ばかり見つめていて家族との会話もありません。勉強にも影響が出ないか心配です。

（中学3年男子の母）

A

親も子も納得できるルールを作ろう

ゲームやスマホは現代を生きる青少年の必需品ですね。ただ、それによって勉強にも影響が出かかっているとなれば親としても心配なことと思います。

ゲームやスマホを子どもに使わせるときに大事なのは「ルール作り」です。やり方を56ページのコラム2に詳しく紹介しましたので、ぜひそちらもご覧ください。守れそうにない約束を親が一方的に押し付

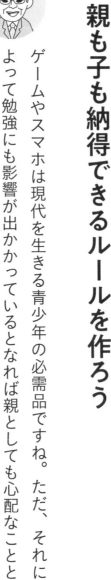

けたり、本人の同意なしに親側だけでルールを決めてしまったりするのはやめましょう。

相談者さんは勉強への影響を心配されていますね。ゲーム学習論などが専門の東京大学大学総合教育研究センターの藤本徹准教授によると、「1日3時間くらいまで、週21時間以下の範囲でゲームをする子どもであれば、日常生活に影響するようなゲーム依存の問題は出ていないという調査結果がある。**心配であれば1日3時間を目安にするといい**」とのことです。えっ、そんなにいいの？　と思いそうですが、朝から晩まで学校や塾で忙しく過ごしている子どもにとってのたった3時間です。家では子どもの好きなゲームやスマホでリラックスタイムを持たせてあげたいものです。「ゲームやスマホは悪いもの。できるだけ排除しなければ！」と頭から突っぱねるのではなく、**親子で納得できるラインを探し、子どもと一緒に民主的にルールを決めて**いけるといいですね。

Q09

いつもはこちらをガン無視の子どもが、スマホを契約したいと急に甘えてきました。そんなときばかりすり寄ってきて！ と感じてしまいます……。

（中学1年女子の父）

A

楽しく会話できるチャンスと捉えよう

「いつもは話しかけるのはこちらからばかりなのに、こんなときばっかり！」と感じてしまいますよね。

いつもはつっけんどんな思春期・反抗期の子どもも、**自分でできないことは親に頼んできます。**今回のようなスマホの契約などもそうですね。反抗期の子がせっかく甘えてきてくれているのですから、これもまた**コミュニケーションの得難いきっかけと考えて楽しみなが**

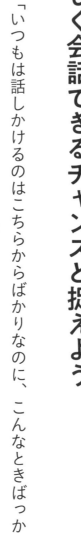

らやり取りしてみましょう。

例えば子どもが「ブランドのバッグがほしい」と言い出したとき「ダメ、買えないよ」「この前〇〇を買ったから無理」など、すぐに門前払いしてしまうと子どもの不満が溜まります。まずは共感的に「確かにそろそろほしいよね」などと返してあげましょう。あるいは「何でほしいの？」とほしい理由を聞いてあげるのも良いですね。「だって、〇〇なんだもん」（子）、「そうか、確かに〇〇だよね」（親）、「みんな持ってるんだよ」（子）、「みんな持ってるとほしくなるよね」（親）などと、子どもの気持ちを共感的に聞いてあげます。

その上で「買ってあげよう」と思えば買ってあげてもいいですし「やはり買えない」と思えば「でも、〇〇だから無理だよ」と答えます。これなら、子どもとしても一応気持ちは聞いてもらえたので、**ハナから門前払いされるよりはるかに受け入れやすくなります。**

Q10

特にパパに対して嫌悪感がひどい！洗濯物を分けたがるしリビングにいてもパパを避け、まるでバイ菌扱い。仲を取り持つ方法はある？

（小学6年女子の母）

A

「ウィンザー効果」を意図的に使ってみよう

親との直接のコミュニケーションが嫌な時期というのが、思春期・反抗期の子どもにはあるものです。父親とお子さんの関係が良くない場合、**母親などの第三者が潤滑油としてその間に入る**方法もあります。

父親の言葉を母親からこのように伝えます。

「『A子は部活をすごく頑張ってるね』ってこないだパパが言ってたよ」

「パパが『先週のお見舞いのとき、おばあちゃんに優しく接するA子を見て嬉しかったな』って喜んでたよ」

第三者から間接的に情報が伝達することによって、信憑性や信頼感が高まる心理効果のことを「ウィンザー効果」と言います。このウィンザー効果を意図的に使うのです。直接の褒め言葉には「コントロールしようとしている」「機嫌を取られている」という相手の意図を感じることもあります。しかし第三者からならそういった意図が感じられず、素直に聞き入れられるのです。

ときどきで大丈夫ですので、先ほど例にあげたような**温かい言葉を父親からお子さんに伝えてみてください。**子どもは口には出さなくても「お父さんは自分のことを気に掛けてくれている。よく見てくれている」と感じます。そして自然と父親への嫌悪感も薄まっていきます。この方法で、高校を卒業してから父親と娘さんが大の仲良しになった家庭もありました。

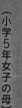

Q11

語尾を上げた「はぁ？」「何～？」など、相手を逆撫でするような言葉を口にするのですが、心に響くように直させるには？

（小学5年女子の母）

A

子どもの環境の変化から来ているのかも

親に向かってだけならともかく、外でも無神経な言葉遣いをするようになると困りますよね。子どもの言葉遣いは、環境や友達が変わったとき大きく変わることがあります。例えば、それまで自分のことを「ボク」と言ってたのに、保育園や幼稚園に入園したら「オレ」と言うようになったなどです。「オレ」と言う子がカッコよく見えて、自分も真似をしたくなるからです。思春期・反抗期の子にも同じことが起こります。特にこの時期は乱暴な感じの言葉が伝染しやすくなります。そうした言葉を使うことで、**自分が成長して強くなったように感じられる**からです。

その心の内には、強い大人たちに反抗していくために自分も強くありたいという思いがあります。また、友達と共通の言葉遣いをすることで仲間意識を高め、一致団結して大人たちに反抗したいという気持ちもあります。

まずは、こういった**子どもの気持ちや背景に目を向けて、おおらかな気持ちで受け止めてみてください。**その上で、どうしても気になる言葉があったら「そういうことを言われるとお母さん悲しくなる」という言い方で言ってみましょう。これは、アイメッセージと言われる言い方で、自分（アイ）を主語にして自分の気持ちを伝える言い方です。**アイメッセージは自分の気持ちを伝えるだけなので、相手を咎める要素が入りません。**相手は素直な気持ちで受け入れやすくなります。

COLUMN 2

ゲームやスマホはこれでうまくいく！ルール作りのHOW TO

48ページで、ゲームやスマホに大切なのは「ルール作り」とお伝えしました。ここでは主にゲームを例にとって、ルール作りについて詳しくお話ししたいと思います。

ゲームに対する価値観が全然違う親と子

ほとんどの親は「ゲーム＝悪いもの。できるだけやらせたくない。もっと有意義なことに時間を使わせたい」と思っています。一方、子どもたちは「ゲームは楽しいしストレス解消になる。これほど楽しいものはないし生きがいでもある。ゲームで身につくものも多い。友達とのコミュニケーションにも必要」と思っています。この時点で親と子の間には大きな価値観の違いがあります。この相違を乗り越えるためにはどうするべきでしょうか。

ルール作りのやり方

ここで役に立つのが「親子で共有するルール」です。以下のように対等かつ民主的な対話をしながら、親子で作って共有するオリジナルルールを考え出していきましょう。

まず1つめは子どもの話をよく聞くことからです。例えば、子どもが「みんなやってるんだから、やらないと話題についていけない」と言ったとします。それに対して、まずは「そうだね。自分だけやらないと友達が何言ってるか分からないよね。分かるよ」という感じで共感してあげましょう。また「ゲームは楽しいしストレス解消になる」「自分の生きがいになっている」などの話にも、全て共感してあげましょう。親として言いたいことがあっても一旦控えて、とにかく共感を最優先します。親に共感してもらえると、子どもは「自分の気持ちを分かってくれた」と感じることができ、親に対する信頼が高まります。

しっかり子どもの話を聞いた後に初めて、親も自分が思っていることを話します。これが2つめの手順です。このとき上から目線ではなく、人間同士の対等かつ民主的な対話になるような話し方を心がけます。例えば、目が悪くなるなどの健康への悪影響、勉強時間や他の活動の時間が減ることへの心配、ゲームの精神面への影響や依存症の心配、課金に対する不安などです。最初に親が子どもの話を共感的に聞いていますので、子どもも親の話に耳を傾けてくれるようになります。

3つめに、具体的なルール作りに進みます。ここでも、お互いの話を共感的に聞き合いながら、対等な立場で民主的に決めていきます。それは外交交渉のようなものです。主張したいことは主張し、譲れるところは譲り、お互い納得できる着地点を見つけていきます。親

COLUMN2

が上から一方的に押しつけたルールは決して守られません。子どもがルール作りに関わることが大事で、それで初めて子どもも「ルールを守ろう」という気になれます。

ルールが決まったら、常に意識できるように紙やホワイトボードに書いて目に入るところに貼り、明文化しておきましょう。実際にルールを運用してみると現実にそぐわない点が出てくるものです。そのときはまた話し合って修正していきます。そのためにも、すぐ書き換えられるホワイトボードがおすすめです。

ルール作りは共感的な雰囲気の中で行おう

このように、親子で腹を割って本音を出し合い、お互いを理解し合うことが本当に大事です。同時に親が子どもに歩み寄ることも大切です。例えば、ゲームを一緒にやる、やり方を教えてもらう、子どものゲームの話を聞いて褒めるなどです。

ゲームが好きな子は、ゲームの中で目標を持って自分なりの工夫をするなど、結構努力して頑張っています。ステージをクリアしたりレベルが上がったりすることで、達成感を感じたりもしています。ですから、子どもなりに頑張っている話を親が共感したり褒めたりしながら聞いてくれれば、子どもは非常に嬉しいのです。そして「自分のことを分かってもらえた。自分の頑張りを認めてもらえた。自分が大好きなことを受け入れてもらえた」と感じて、親への信頼感が高まります。普段は親とあまり会話しないような子でも、ゲームの話なら乗ってくるということもよくあります。一度親子でゲームをやってみると、とても難しいステージを簡単にクリアできる子どもと、全然できない親とで楽しいコミュニケーションが生まれたりもします。

また、ゲームによって得られる能力があることも頭に入れておく必要があります。もちろんゲームの種類によって違ってきますが、目標に向かって試行錯誤しながら努力する力、情報収集力、判断力、記憶力、集中力、計画力などがつくゲームもあります。親としてはゲーム中毒・依存症が心配になると思いますが、家族とのコミュニケーション不足をはじめとした孤独な状態だと、そのリスクが高まると言われています。先ほど言ったようなゲームに関する話題も含めて、日頃からの共感的なコミュニケーションを心がけることが大事です。

ゲーム以外の選択肢をさり気なく提示する

親は子どものことを心配するあまり、ゲームについてガミガミ叱ってしまいがちです。しかしゲームのことを叱られると子どもは「自分が大好きなことを親に理解してもらえない」と思い込み、孤独を感じます。同時に自分が否定されたとも感じます。その孤独感からかえってゲームにのめり込んでしまうことになります。まずは親から歩み寄ることが大切です。ゲームを媒介に親子のコミュニケーションを深めるような方向で進めた方がいいと思います。

また、ゲーム以外の楽しみがない場合もゲームにのめり込む可能性が高まります。ゲームの他にもいろいろな選択肢を用意して、子ども自身が心から楽しめるものが持てるようにしてあげてほしいと思います。ある家庭では、子どもの選択肢を増やそうと、釣り、スポーツ、電子工作、プラモデル、鉄道模型、金魚飼育、プログラミングなど、お試しでいろいろなことをやってみたそうです。1回でやめたものも多いそうですが、結局子どもはプラモデルと鉄道模型が趣味になり、その結果ゲームをやる時間も減ったそうです。

ここではゲームについて主に触れましたが、スマホについても同様のルール作りが有効です。ゲームやスマホについて親の考えを一方的に押しつけるのではなく、共感的で対等かつ民主的な進め方を意識しながら、お互いが納得するルールを作りましょう。そのためにも、ゲームやスマホについての考え方や対策について親自身の理解を随時アップデートしておくことも大切です。そして、このような共感的な対話ができるようになるには、日頃の良好な親子関係が大事です。

Chapter 3

自分の部屋に籠城、視線が合わない、
喋る方法忘れた？……

子どもの「シカト」で悩んだらこれで解決！

PICK UP!

Q12

部屋に籠城中!?

これまでもよそよそしい雰囲気はありましたが、ある日突然自分の部屋のドアにデカデカと**「立入禁止」の張り紙を貼ってきました。**ノックをしても「入ってこないで」の一点張りです。完全拒否されているようで寂しいし、**どうして急にこんなことになったのかも分からず親も混乱**しています。部屋で何をしているのかも気になるし……。ひとまずこの張り紙をやめさせたいのですが、何か方法はありますか?

（中学3年女子の父）

折れない２人の
アナログな攻防戦……！

A

立入禁止と書いてあるのにノックするのは無神経

ある日いきなり部屋にそんな張り紙を貼られたらびっくりしますよね。話しかけても反応なし、帰宅してもリビングは素通りで自分の部屋に直行、何を考えているのか分からない……。**お子さんの状況は思春期・反抗期の典型**とも言えます。

部屋の中で何が起きているかと気になるのも分かります。しかし今、子どもは自我の形成のために苦闘している最中なのです。外出先のドアに「立入禁止」と書いてあったら普通は入りませんよね。

この時期をできるだけ順調に切り抜ける方法としては、**子どもをリスペクトし大人扱いすること**です。そのためには大人が一歩引き、大きく構えて見守ることが必要です。部屋から出るよう強要したり、張り紙を無理に剥がさせたりするのは得策ではありません。

人と接したくないときは大人にもあるもの。普段以上に余裕がないときやイライラしているときなどは特にそうです。思春期の子も同様です。例えば友達とのラインで良い返信が書けずに考えあぐねているとき、学校で起きたことについて悩んでいるときなど。

そもそも思春期の子に良い反応など期待できないのに、こんなときに話しかけてもうまくいくはずがありません。相談者のお子さんの場合も、こちらからはしつこく詮索せず、トラブルを抱えていて悩みを聞いてほしいときなど、**向こうから話しかけてくるタイミングを待ちましょう。**

そして話しかけてきてくれたら、とにかく話を共感的に聞くことです。

例えば、子どもが「私は悪くないのに先生に怒られた」と言ったとき、「先生の話を聞いてなかったからでしょ」「いつも態度が悪いからよ」などと跳ね返すのはよくありません。こういう正論を押し付けていると子どもはますます何も言わなくなってしまいます。

まずは「そうなの？　それは嫌だよね」と共感してあげてください。寄り添う言葉があるだけで子どもは話しやすくなります。愚痴を共感的にたっぷり聞いてもらえるとすっきりしますし「親は自分がどんなに大変か分かってくれる」と感じて信頼感が大いに高まります。**子どもにとって信頼できる大人とは、自分のことを分かってくれる人**なのです。

親がよくやる間違いは、子どもの話を聞いたとき、すぐに励ましやアドバイスをすることです。「大丈夫だよ。すぐ仲直りできるよ」とか「そんなの大したことじゃないわよ。元気出して」などが励ましで、

「じゃあ、◯◯すればいいじゃん」「なんで◯◯しないの？」などがアドバイスです。親は子どものためを思って言うのですが、共感がないところで言われても「そんな簡単なことじゃないよ。なんで私の話を聞いてくれないの？　この人に言っても無駄！」と子どもに思われてしまいます。まとめると、子どもが話しかけてきたときには次の3つが大事です。

①話しやすい状況や雰囲気を作る。
②共感的に聞く。
③すぐに励ましやアドバイスをしない。

今はとにかく待つことです。会話ができる日を待ちましょう。

親野's POINT

励ましやアドバイスを伝えるなら一番最後に。
子どもの話をたっぷり共感的に聞いた後が効果的。

Q13

ごはんだよ「うるせー」。オフロに入って「うるせー」。明日お弁当あるの？「うるせー」。もはや「うるせー」が挨拶の息子。せめてごはんくらい食べてよ！

（中学1年男子の母）

A

とりあえずごはんは用意する。後は待つこと

相談者さんはお子さんに普通に挨拶してほしいのですね。でも残念ながら、反抗期真っ只中の子どもにまともな挨拶を求めても無理です。彼らはそんな気になれません。もし「挨拶くらいしなさい」と強要しているとしたら、それは親がケンカをふっかけているのと同じです。

ひとまずごはんは用意してあげて、後は待つことも大事です。子どもが食べたら「食べてくれて嬉しい」「食べてくれてありがとう」と伝えましょう。「何か食べたい物ある？」と聞くのもいいですね。

56ページのコラム2で紹介したゲームのルール作りと同じように、以下のように共感的で民主的な対話をすることも大切です。

例えば「9時までに夕食を食べてほしい」とき。まず話を共感的に聞くことで、食事が遅くなったり食べなかったりする理由も分かります。親として何か言いたいことがあっても、まずは共感的に聞くことに専念します。たっぷり聞いた後に「健康面の心配や片づけの都合もあるからやっぱり9時半までには食べてほしい」「いらない日はメールしてね」などとこちらの希望も伝えます。そして譲れるところは譲ります。

こうして**親子で一緒に作った決まりごとは子どもにも守ってもらいやすくなります。**子ども扱いは必要ありません。一人の人間、一人の大人としてリスペクトしながら接していきましょう。

Q14

帰るとまっすぐ部屋に直行し、そのまま閉じこもってしまいます。家族とのふれあいは一切なし。中で一体何をしているかとても気になります。

（高校1年男子の母）

A

詮索しすぎないこと。子どもはリラックス中です

家族のことも無視して部屋に直行してしまうお子さん、親としてはちょっと寂しいし何となく不安にもなりますよね。

ですが**思春期・反抗期の子どもにとってこれは普通**のこと。この時期の子どもが部屋に閉じこもる理由は2つです。

①自分の部屋が一番安らげる空間だから

②親がうるさいから

学校や通塾など、現代の子どもたちは日々緊張感を持って過ごしています。そして家でもそれなりに緊張しています。彼らにとって自分の部屋はストレスを排除できる特別な空間。動画、ゲーム、ラインをしながら安らいでいます。

夕食など、**子どもがどうしても部屋から出てこなければならないときが交流の機会**です。普段から食事は楽しい時間にし、小言や嫌味はやめて明るい声掛けに徹しましょう。

子どもの行動が気になるからとしつこく本人を問いただしたり、スマホの中や机の引き出しの中をこっそり覗いたりしてはいけません。**子どもにもプライバシーがあります。**子どもに見つかったときのリスクが大きいので気をつけましょう。

Q15

何かに悩んでるように感じるうちの子。直接「何かあった？」と聞いてもはぐらかされるばかりです。どんな風に声を掛けたら？

（中学3年女子の母）

A

共感的に接しつつ向こうのアクションを待とう

「調子はどう？」「どうしたの？　何かあった？　何かあったらいつでも話してね」などの声掛けが良いと思います。悩みの内容が友人関係と分かっているなら、例えば「○○ちゃんはこの頃どうしてる？」「○○ちゃんとはどう？」と聞いてみるのも良いでしょう。

あるいは「実はお母さん○○で悩んでいるんだけど」と、**先にこちらの悩みを開示して相談してみるのも一つの方法**です。こちらがオープンにすることで相手も自分の悩みを話しやすくなります。

この時期の子どもは親に話せない事情があったりするものです。また「親に言うと大騒ぎして余計こじれるかも。先生に勝手に言いに行くかも」と心配することもあります。

親としては心配になって当然ですが、子どもの様子をよく見ながら**ある程度は待つことも大事**です。「今は立ち入ってほしくない」という本人の気持ちも尊重しましょう。**日頃から共感的な対応を心がけ、子どもが話しやすく相談しやすい雰囲気を作っておく**と、話したくなったときに自分から話してくれます。

親が待てないで踏み込みすぎたり無神経に立ち入ったりすると、子どもは反発してしまいます。逆効果になりますので気をつけましょう。

Q16

子どもとの関係を良くするためにも、小さなことでもよく褒めるようにしています。でも昔のようには喜んでくれなくなり、無視されることも。

（中学1年女子の母）

A

親の胸の内を見透かされているのかも

思春期・反抗期の子は褒められても反応が悪いですよね。この時期の褒め方のポイントを3つ紹介します。

1つめは、口先だけではなく、大人を褒めるような気持ちで心を砕いて褒めること。思春期の子はいろいろなことを見抜きます。

2つめは、共感してから褒めるということ。「勉強頑張ってるね」だけでなく「毎日忙しいよね。部活も宿題もある上に塾もあるし。大変だけど頑張ってるよね」といった感じで子どもに共感した上で「あなたは時間の管理を工夫して勉強の時間を生み出しているんだね」と褒めましょう。子どもは自分のことが分かってもらえたと感じて嬉しくなりますし、ちゃんと見てくれていると実感します。

3つめは、子どもが「褒められたいと思っている」ことを褒める、ということ。**親が褒めたいことではなく、子ども本人の価値観を優先**しましょう。親から見たらしょうもないことでも褒めてあげてください。人は誰でも自分の思い入れが強いことを褒められると嬉しいですし、認められたと感じます。

このとき気をつけたいのは、褒めた後で「じゃあ次はこれをもっと頑張って」などと**勝手に次の目標を作ってしまう**こと。エンドレスな親の欲求に気づくと、喜ぶどころか嫌な気持ちになってしまいます。

Q17

丸2ヶ月、ろくに話をしていないんですがこれは大丈夫ですか？ 正直寂しいし不安な気持ちです。親子なのにまるで他人みたいな気分。

（中学1年女子の父）

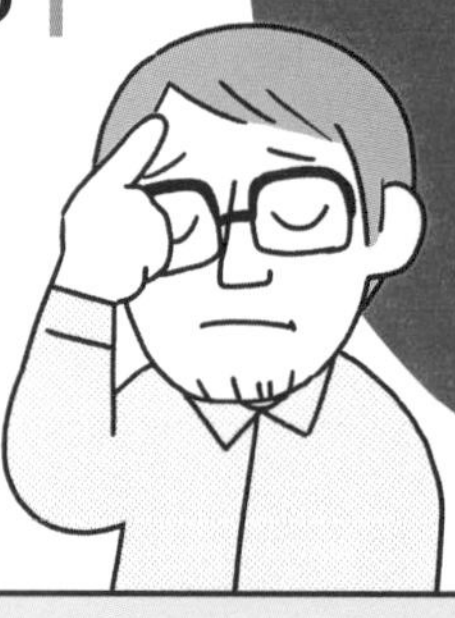

A

「話しやすい状況」を意図的に演出してみる

全く会話がない状況は思春期・反抗期には珍しくありませんが、やはり寂しいものですよね。

こんな例があります。反抗期真っ只中の息子さんとの間で会話が全くなく悩んでいたTさんの話です。ある夜、息子さんと2人でコンビニに買い物に行きました。親子で並んで歩いていたところ、息子さんが急に部活の人間関係で悩んでいると話し始めました。「これは珍しいこともあるものだ」と思いつつも、Tさんは「そうなんだ。それは嫌だね」「困るよね。悩むね」と、ひたすら**共感的に息子さんの話を聞いた**とのこと。帰宅後、息子さんはすぐ自分の部屋に入ってしまいましたが、Tさんはラインで「話してくれてありがとう」と送りました。すると、「こっちもありがとう」と返事が来ました。しかも笑顔のスタンプつき。

この成功例から見えてくるのは次の3点です。

①面と向かっては言えないことも、暗い夜だと話しやすい傾向にある
②向かい合わせでなく横並びだった
③話すことが目的ではなく、買い物という別の目的があった

子どもが話しやすい状況や雰囲気を意図的に作ってみましょう。例えば寝る前には間接照明に切り替えるなどです。「塾への送り迎えをする車中でだけ会話が成立する」「親と子で共同作業をしているときに意外と会話が成立しやすい」という話もよく聞かれます。

COLUMN 3

子どもの人生を良くするのは勉強でもしつけでも就職先でもなく〇〇〇〇だった

親にとって子どもの幸せは最優先事項ですね。どの親も皆「子どもにより良い人生を歩んでほしい」と思っています。さて、子どもの人生を良くする鍵は何でしょうか。勉強でしょうか、しつけでしょうか、はたまた就職先でしょうか。このコラムでは「子どもの人生を良くする最大の鍵」についてお話ししたいと思います。

万引きに誘われても回避できた理由

知り合いの編集者Mさんに聞いた話を紹介します。Mさんは30代の男性です。彼は中学生のとき、クラスメート2人に「一緒に万引きをしよう」と誘われたそうです。Mさんは戸惑いながらも断れず、ちょっとした興味もあったりして、あるドラッグストアの入り口まで一緒に行きました。でも、そこで急に両親の顔が頭に浮かび「やっぱり、やめる」と宣言して帰りました。それにくじかれてか、他の2人もそのまま店を後にしました。しかしその後、別の日にその2人は万引きをして警察に捕まりました。

Mさんは「振り返ってみると、あのときはちょっとした人生の分かれ目でした。両親のことが大好きだったから万引きをしないで済んだんだと思います。大好きな両親を悲しませたくなかったんだと思います」と言っています。Mさんが子どもの頃、両親はいつも笑顔で優しくて、Mさんを慈しんでくれていたそうです。日頃からよく褒めてくれて、叱られた記憶は全くないそうです。ですからMさんも両親が大好きだったのです。

親子関係が良ければブレーキがかかる

Mさんはこのとき人生の岐路に立っていたのかもしれません。あのままクラスメートと一緒に万引きをしていたかもしれないのですから。何がMさんの心を踏みとどまらせたのでしょうか。

Mさんの心には「大切な両親を悲しませたくないし心配をかけさせたくない。泣いているところを見たくない」という思いが湧き上がったのだと思います。こうしたとき正しい選択ができるか否かは、親子関係が良好かどうかによってかなり影響される可能性があります。もし親子関係が悪かった場合、ブレーキが効かなくなってしまう可能性が高まります。そんな家庭の子どもは、親に心配をかけることで愛情を実感したいと考えることすらあります。「ちゃんと自分のことを心配してくれるだろうか」「親が泣いて動揺しているところを見てみたい」と思うことすらあるのです。

親子関係が良い子はいじめを止める側になる

次の研究も親子関係を良くすることの大切さを示していると思いま

COLUMN3

す。145ページでも少しご紹介しましたが、大阪市立大学の森田洋司名誉教授の研究によると、自分の学級にいじめがあると分かったとき、生徒の行動は次の三群に分かれるそうです。

①傍観者群
②いじめを止めようとする群
③いじめを増大させる群

この研究では、②の行動をする生徒たちは親子関係が良くて、③の行動をする生徒たちは親子関係が悪いという顕著な相関関係があることが明らかになりました。

この研究が意味するところは「親子関係を良くすることの大切さ」です。親子関係を良くしておくことは親たちが考えている以上に大切なことと言えます。

親子関係が良いと他者信頼感が育つ

私は長年教壇に立って数多くの親子を見てきましたが、その経験からも親子関係の大切さを強調したいと思います。

親子関係は子どもにとって一番最初の人間関係であり、そこで良い関係を築くことができると「人は信頼していいんだ」という認識を持つことができます。それによって、他者一般に対する信頼感、つまり他者信頼感を持つことができるようになります。これがある子は、一生涯にわたって良好な人間関係を築くことができます。逆に、親子関係が悪いと他者不信感を持ってしまいます。これは言い換えると人間不信であり、良好な人間関係を築けなくなる可能性があります。

また、親子関係が良い子は、よく褒められて自己肯定感が育っています。ですから、勉強や運動やイベントなどでも「面白そう。やってみたい。自分は頑張れる。できる」と感じることができ、積極的なチャレンジが可能になります。また何かで挫折したり失敗したりしても立ち直ることができます。

「親子関係を良くする」をもっと大切に

このように、親子関係を良くすることはとても大事なのですが、肝心の親たちの関心は別のところにあることが多いようです。子育てに邁進している多くの親たちの関心は、主に次の3つです。

①子どもの学力を上げたい。もっと勉強ができるようになってほしい
②しっかりしつけをして子どもが自立できるようにしたい
③良い学校に行ってほしい。良い仕事に就いてほしい。勝ち組になってほしい

ここまで読み進めてきた皆さんは、最初の問いかけの答えが何か、もうお分かりですね。親たちは、無意識のうちにこの3つの願いを持っています。中には、これらのことを達成するためには多少親子関係が悪くなっても仕方がないと思っている人すらいるようです。しかしながら私はこの3つよりも、もっともっと親子関係を良くすることを大切にしてほしいと思います。

親子関係を良くするには、子どもが親の愛情を実感していることが大切です。「自分は親に大切にされている。愛されている」と感じることができれば「お父さんやお母さんは話を聞いてくれる。自分のことを分かってくれるし受け入れてくれる」と感じ「自分もお父さんやお母さんが大好き」と思えるようになります。

子どもの人生を良くする最大の鍵は「親子関係」です。どうか皆さんも、お子さんの幸せを心から願うのであれば、何よりも良好な親子関係を築くことを優先してもらいたいと思います。

Chapter 4

壁に穴、ガラスにヒビ、
親に罵詈雑言の数々……

子どもの「暴言・暴力」で悩んだらこれで解決！

PICK UP!

Q18 「ああ言えばこう言う」状態！

口答えがひどすぎる娘。
「今やろうと思ってたし」が口癖です。
逆ギレや人のせいにするのも日常茶飯事。
毎日屁理屈ばかりで疲れてきました。
最近は揚げ足を取るように論破しようとしてくることもあるし、
正直イラッとします……。
私（母親）に反発することが目的なので
「産んでくれって頼んでないけど？」など、
どうしようもないことまでしつこく訴えてきます。
この暴言を吐きまくられる状況、打開できますか。

（高校1年女子の母）

あんなにママのこと好きだったよね!?

A

屁理屈が言える親子は良い関係

子どもがだんだん生意気になって屁理屈を言うようになるとイライラしますよね。親子で**「ああ言えばこう言う」状態になりやすい時期**でもあります。

「屁理屈を言う子ども」にはどんな特徴があるでしょうか。

1つめは、屁理屈がうまい子は頭もいいということ。論理的な思考力がついてきたということです。**順調な成長の証**として喜びましょう。

2つめは、屁理屈は思春期・反抗期の子どもにとっての武者修行であること。**自分の意見がどれくらい通用するかあれこれ試行中です。**

3つめは、屁理屈を言うのは**親を信頼し、甘えている裏返し**であるということ。「安心して屁理屈を言っている」とも言えます。

確かに子どもの口答えや屁理屈は頭に来ますよね。でもキレる前に深呼吸して**「成長したなあ」と思い直してみませんか。**

「こんな屁理屈が言えるようになったんだ。泣いてばかりで手が掛かる赤ちゃんだったのに、ずいぶん成長したよね」と。そうすれば、子どもの屁理屈に対して必要以上にキレることもなくなると思います。

先ほど「屁理屈は親を信頼し、甘えている裏返し」と書きましたが、親に屁理屈を言えない子というのもいます。親が子どもに対して強権的な場合です。そういう子は家では良い子にしているのですが、**溜め込んだストレスを今度は外で発散させている**ということがよくあります。こういう子の指導が一番難しいです。

そして、さらに思春期以降になって自分の力がついてくると、問題行動が顕著になり、同時に親に対するリベンジが始まる可能性も高まります。

カッとなって親も子どもに言い返したくなることがあると思います。いくら頭に来た場合でも、子どもの存在や人格を否定する言葉は発してはいけません。言ってはいけない言葉が存在します。例えば「あんたなんか産みたくなかった」「頭が悪いくせに屁理屈ばっかり一人前」「ホントにお前はずるい」など。人格を否定するような言葉を言ってしまうと、**子どもは深く傷つき、親の愛情を疑う**ようになります。

もちろん、場合によっては親として言うべきことを言うことも必要でしょう。でも、感情的に子どもと屁理屈の応酬をするような形ではなく、落ち着いて冷静に言うことが大事です。

そのためにも、まずは子どもの言い分を共感的に聞いてあげてください。そうすれば、子どもの気持ちが落ち着き、それによって親の方も落ち着きます。その上で、冷静かつ静かな口調で親が言いたいことを言いましょう。理由を言った方が良い場合はそれも言います。「○○してくれると助かる」「○○だと嬉しいよ」「○○でないと心配だよ」など、**アイメッセージ(55ページ参照)で言うのも効果的**です。もちろん、子どもの言葉があまりにもひどいときは「そういう言い方は嬉しくないな」「そういう言い方されると傷つくな」などと伝えることも必要です。

また、**親自身も普段から言葉遣いに気をつけましょう。**

屁理屈の応酬も、できれば楽しい会話の一種として、親子のじゃれ合いに変換できるといいですね。

親野's POINT

屁理屈が言えるまで大きく成長してくれた子どもに感謝。コミュニケーションの一つに変換してみよう。

Q19

大声で「こっち見んな」「気持ちわりぃ」「死ねよ！」。言ってはいけない言葉があることを分からせたい。本当に消えたくなることも。

（高校2年男子の母）

A

暴言は順調な成長の証です

今の状況は大変お辛いこととお察しします。**「クソババアと言われたら『子育て大成功』の証」**という言葉があります。お子さんが暴言を吐くのは順調に育っている証拠。まずはそのことを知っておいてください。**決してお母さんの育て方が悪かったのではありません。**

この時期の子どもに対しては、言葉遣いや行儀など、細かいしつけについて諭しても効果はありません。お互いにイライラすることが増えるだけですから、見て見ぬふりでスルーすることも必要です。

日頃から肯定的で共感的な言葉を心がけましょう。これは全ての人間関係に言えることですが、思春期・反抗期の子に対しては特に大事なことです。

こういう言葉が多い家庭は居心地が良くなります。そうすれば反抗期の子どもも毎日家に帰ってきてくれますし、家でリラックスしてまた頑張ることができるのです。

でも、人の心や体を傷つけること、危険なこと、反社会的なこと、人間として許されないことなどが子どもに見受けられたら、スルーしてはいけません。話を共感的に聞きつつも壁となって阻止すべきこともあります。でも、**それ以外のことはスルーして大丈夫です。**大人になれば言葉遣いも直るものです。

Q20

大勢の人前で「嫌い」「ウザい」と言ってきました。恥をかかされた気分です。そのときはスルーしましたが、どうするべきだった？

（中学2年女子の父）

A

スルーで正解。子に巻き込まれないのが吉

人前でそんなことを言われたら親としては耐えられないですよね。恥ずかしい気持ちに加えて悔しさもあったことでしょう。

スルーしたとのことで、私はそれで良かったと思います。立派ですよ。これぞ大人の対応です。もし『ウザい』とはなんだ！」などと言い返し、みんなが見ている中で言い争うことになっていたら大変です。お互い引くに引けなくなっていたことでしょう。

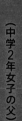

思春期・反抗期にはこのようなことはよくあります。子どもは乱暴な言葉を使って「自分は今までの自分とは違う」ことを示したいのです。**親に反抗することが自我の確立のために必要**なのですね。

おまけにこの時期の子どもは体内のホルモンバランスが崩れていて、感情コントロールができずにイライラしているものです。状況や親の立場など考えずに、こういう言葉を発してしまうこともあるわけです。

親は子どものイライラに飲み込まれないようにしましょう。大きく深呼吸して冷静になり、一歩引いたところでドンと構えておくくらいがちょうど良いです。

親子の言い合いが心のしこりになって、必要以上に親子関係が悪くなってしまうことがあります。これが一番避けたいことです。

Q21

「親父、俺のこと嫌いだろ。ダメ人間だと思ってんだろ。俺もあんたのこと無理だから」と言われました。ショックです。

（高校3年男子の父）

A

「否定・叱責」の子育てには弊害しかない

こちらの相談者さんのお話を詳しく聞くと、とても厳しくお子さんを育ててきたとのこと。

その理由は、相談者さんは大きな会社の管理職に就いており、だらしない若者を多く見てきたからだそうです。厳しいしつけは、**自分の子どもにはきちんとした大人になってほしいという気持ちの裏返し**でした。褒めはせず、とにかく叱って育てたそうです。

全ては子どものためであり、相談者さんなりの愛情はあったのだろうと思います。でも、結果的にはその愛情が空回りしてしまったようです。

「親だから許される。オレはあの子の親なんだ。何の遠慮がいるのか？　親だからあの子のために言っているんだ」という気持ちが心のどこかにあったのだと思います。

否定され続けた子どもは自己肯定感を持てず、自己否定に苛まれます。また自分のことを否定ばかりしてくる親を恨む気持ちも生まれます。

実は、こういう例は少なくありません。親の愛情が空回りし、他人以上に冷え切った関係になってしまった親子の例は世の中にたくさんあります。**子どもを叱り続け、否定し続けることには何のメリットもありません。**やるべきことはその逆です。これからは肯定的で共感的な言葉に徹しましょう。

Q22

物を投げたり壁に当たったりするのはやめて！イライラせずもっと穏やかでいてほしいです。親から何か働きかけるには？

（中学3年男子の母）

A

心の中で葛藤していることを理解してあげて

家の中がずっと物々しい状態で、心が休まらないですよね。日々相手をするお母さんも大変です。

実はこの時期の子が物に当たるのも普通、ドアをバタンと閉めたり床に物をドシンと置いたりなども普通。そんな子に「イライラせずもっと穏やかでいてほしい」と願うのは、**赤ちゃんに「泣かないで」と言うのと同じくらい無理なこと**なのです。

「自分にできることはやりつつ、後は待つ」、それが親にできることです。「反抗期とはこういうものなのよね。うちの子は今自我の形成で葛藤してるし、心の中は疾風怒濤だもんね」と想像してあげてください。同時に自分自身のストレス管理やメンタルヘルスに心を砕きましょう。気分転換の方法については１８２ページの回答もご参照ください。

子どもの葛藤を理解できれば「塾や部活で疲れているのかな、じゃあ、散らかってるゴミも片づけてあげよっか」という気にもなれます。そんな気持ちで対応していれば子どもは親から攻撃されませんし、少しは嬉しいもの。「次は気をつけようかな」という気にもなれます。

「静かに閉めなきゃダメでしょ！」と叱り「うるさい。分かってるよ！　うぜえ」と言い返され、また子どもがわざと強くバタンと閉める……という応酬はお互い疲弊するだけ。キレている子どもと同レベルになるのではなく、**親はドンと構えて余裕を持っていたい**ものです。

Q23

怒ると暴力を振るう怖い息子。機嫌を損なわないように、腫れ物を触るように接していたらいつしか双方「完全無視」状態……。

（高校2年男子の母）

A

家族だけでの対応が無理なら公的機関に相談を

お子さんとの関係が膠着した状態で、お辛いですね。お子さんの暴力に怯えて暮らすのも大きなストレスかと思います。

まず、暴力を振るう子どもに対して、**親も暴力でやり返すという方法は避けましょう。**暴力の応酬になり結局火に油を注ぐことになります。子どもが落ち着いた状態で、親子で話し合いをしましょう。ここでも大事なのは共感的で民主的な対話です。**否定的な言葉や叱責**

はせず、子どもの話を傾聴しましょう。暴力の程度にもよりますが、ひどい場合には家族の身の安全を確保する必要もあるでしょう。家の外で避難できる場所などを決めておく、鍵の掛けられる部屋に逃げるなどの対策を取りましょう。家族だけでの対応が困難な場合は、**外部の力を借りることも検討してください。**以下のような方法があります。

①児童相談所での一時保護
②警察の生活安全課に相談
③法務少年支援センターに相談
④精神保健福祉センターに相談

①については、親が通報すればすぐ**児相の職員に来てもらえる体制を作っておく**と良いでしょう。一時保護ののち、子どもが落ち着いたら親子でしっかり話し合いを持ってください。子どもを否定するのではなく、共感的で民主的な対話を心がけます。

②には、少年の心理や少年法の知識を持った職員が所属しています。彼らは、問題行動のある子どもに対して**立ち直りに向けた継続的な指導**を行ったり、親の相談に乗ったりします。

③は少年の非行・犯罪の防止や保護を目的とした施設です。少年鑑別所の心理技官や法務教官など**専門的な知識を持った職員が対応**してくれます。

もしも、家庭内暴力の背景に**精神障害や発達障害の可能性が少しでもあると感じる場合**には、④も有効な選択肢になります。

腫れ物に触るような毎日は心身ともに大変なことです。子どもとうまく距離を取りつつ、公的機関の手も借りながら関係修復に根気強く取り組んでみてください。

COLUMN 4

子どもに決して言ってはいけない言葉・言うときに気をつけたい言葉

思春期・反抗期の子の暴言に対して、ムカッとすることは多いと思います。思わず言い返したくなるそのときに思い出してほしいことが2つあります。「言ってはいけない言葉」と「条件つきの褒め言葉」についてです。このコラムではこの2つの言葉についてお話ししたいと思います。

人格や能力を完全否定する言葉

どんなに頭に来ても、絶対言ってはいけない言葉というものが存在します。その一つが人格否定の言葉です。これは、相手の人格や能力をまるごと完全否定する言葉です。

例えば、親が子どもに「また弟を叩いて！　どうしてそんなに意地悪なの?」と言ったとします。これは、子どもを「意地悪」と決めつけて、その人格をまるごと完全否定しています。本当は、そこまで言わなくても「叩いてはいけません」と言えばいいだけなのです。親子の場合では、他にも次のような人格否定の言葉が考えられます。「勉強してないじゃないの! あなた、ホントに口ばっかりなんだから」の中の「口ばっかり」の部分、「また片づけてない。出せば出しっぱなしで。なんでこんなにだらしがないの?」の中の「だらしがない」の部分、「お父さんに言われたこと、半分もやってないじゃないの。ずるい子ね!」の中の「ずるい子」の部分は人格否定です。

自己肯定感が持てず自己否定感にとらわれる

このような人格否定の言葉をぶつけられた子は深く傷つき、トラウマになる可能性があります。他ならぬ自分の親に、意地悪、口ばっかり、だらしがない、ずるいと思われているのですから。

COLUMN4

子どもの頃親にこういう言葉をぶつけられて、大人になってからもそれがずっと心に引っかかっている人はたくさんいます。「自分は意地悪なんだ」「ずるい人間なんだ」などの意識がずっと心に残り、なかなか消すことができないのです。頭では「そんなことはない」と否定しても、完全に打ち消すことができません。こういう状態が進むと、自分の良い点は見つけられなくなり、強い自己否定の気持ちにとらわれるようになります。大人になってからも、自己肯定感が全く持てず、自己否定感のかたまりのようになっている人はたくさんいます。

親に対する不信感から人間不信に

このように自分を否定する気持ちと同時に、親に対する不信感も湧いてきます。「親は自分のことを意地悪だと思っているんだ」と感じれば、親に対する不信感が湧いてくるのは当たり前です。そして子どもは「親は自分のことを大切に思ってくれていない。どうせ自分なんか愛されていないんだ」と感じるようになります。

親に対する不信感を持ってしまうと、他者一般に対する不信感、つまり他者不信感(人間不信)にまでなっていきます。というのも、親子関係は子どもにとって一番初めの人間関係だからです。そこで不信感を土台に人間関係を作ってしまうと、その後の人間関係も同じ不信感という土台で作るようになってしまうのです。「人が信じられない、被害妄想的になる、うまくコミュニケーションが取れない、良い人間関係が作れない」などの状態になりかねません。

子どもはたとえ笑っていても無意識の部分で傷ついている

親の中には「うちの子は打たれ強いから大丈夫」と言う人もいます。でもそれは大きな勘違いです。もちろん、そのとき子どもの様子を見ても、その場ではそれほど深く傷ついたようには見えないこともあるかもしれません。もしかしたらニコニコして平気な顔でいるか

COLUMN4

もしれませんし、1時間くらいしたらまた近寄ってきて親に話しかけてくるかもしれません。それを見て、親は「うちの子は打たれ強いから大丈夫」と思ってしまうのです。でも実は、本人も分からない心の奥の深いところで傷ついているのです。本人も分からない無意識の部分で傷つくということがあるのです。だからこそ、トラウマになるのです。これらの人格否定の言葉は決して発さないよう、心に留めておく必要があります。

条件つきの褒め方は子どもをコントロールするためのもの

「子どもを叱ってばかりではよくありません。もっと子どもを褒めましょう」

こういう話を私はいつもしています。

さぼったことを叱るより、頑張ったことを褒める。

できていないことを叱るより、できたことを褒める。
足りない部分を見て叱るより、足りている部分を見て褒める。
できて当たり前と思わず、その子なりのちょっとした進歩を褒める。

こういうことは大事なことです。でも実はこういう褒め方だけでは不十分なのです。なぜなら、これらはすべて「条件つきの褒め方」だからです。条件つきとは「頑張ったときや結果が良いときは褒めるけれど、頑張らなかったときや結果が悪かったときや失敗したときは褒めない」ということです。これは、子どもを親の思い通りにコントロールするための褒め方と言ってもいいと思います。

褒めるときと褒めないときの落差が大きい親

そして、親の中には極端な人もいて、褒めるときと褒めないときの落差が非常に大きい人がいます。落差を大きくすることで、コントロールする力を強めようとしているのです。親がいつもこういう条件つきの褒め方ばかりしていると、子どもは自分の気持ちよりも親の気持ちを優先するようになり、自分は何をやりたいのか分からないまま成長することになります。一番問題なのは、「自分は本当に親に愛されている」という実感を持つことができなくなるということです。

叱るのではなく、受け入れて共感し、無条件に褒めてあげる

こうならないために、2つのことを提案したいと思います。

1つめは、頑張らなかったとき、結果が悪かったとき、失敗したときなどに、叱るのはやめるということです。それよりも、本人の悔しい気持ちに共感してあげてください。ドンマイと言ってあげましょう。あるいは、見逃してあげる、見て見ぬふりをする、ということも大切です。つまり、その子のどんな有り様も受け入れて許してあげるということです。

「条件つきの褒め方を一切しないように」とは言いませんが、頑張らなかったとき、結果が悪かったとき、失敗したときなどの対応も愛情に満ちたものにしてほしいと思います。

2つめは、「無条件に褒める」を実行するということです。例えば、次のような言葉をできるだけたくさん子どもに贈ってあげてください。

○○のこと、大好きだよ
あなたがいてくれるだけで幸せ
みんながあなたのことを大好きだよ
あなたは私たちの宝物だよ
生まれてきてくれてありがとう
大好きだよ

COLUMN4

ママとパパのところに生まれてくれてありがとう
あなたがいてくれて
ママもパパも本当に幸せ
どんなあなたも大好きだよ
あなたといると楽しい

今日も一緒に居られて嬉しい
おかえり
無事帰ってきてくれて良かった

言葉だけでなく、ハグもしてあげるといいですね。親の愛情を実感できている子は心が満たされて気持ちが安定します。親に対しても素直になれますし、兄弟や友達にも優しくなれます。自分のことも大切にしますし、人の気持ちを思いやることもできるようになります。

マンガで
break time
2

ぴよととなつきの「私の反抗期」

反抗期真っ只中だったあの頃の私……
1
朝の挨拶をしない。
父
おはよう。
……。
母
おはよ。
2
朝ごはんに文句を言う。
え〜〜……
朝からみそ汁は無理やって〜
パンないの⁇
3
自分のミスを親のせいにする。
昨日お弁当にお箸入ってなかってんけどッ
ハイハイ…
4
自己中の極み。
あ、ヤバ。雨降るみたいやし学校まで送ってー
今から⁉

親となった私は過去の自分に何と声をかけるだろう…。
人間関係
理不尽なルール
大人への不信感
学校の閉塞感
ホルモンバランス
将来への不安
学校ではできる気遣いが家ではできず…
自分の態度が悪いことは十分分かっていた。
「その内見放されるのでは…」と不安になった中学生の私は
お母さんさぁ…。私なんかいなくなればいいのにって思うやろ。
すすす…
はあ?
そんなん思ったことないわ
その一言に安心感を覚えた。
フーーン
ピコーン
「ごめんなさい」やろ。

あの頃を振り返って思うこと

中高生時代。家庭内のピリピリ感を生み出していたのは他でもない私でした。両親と妹２人はそんな私の空気を察し、あまり関わらないようにしていたような気がします。反抗期が親離れ子離れの時期と言われますが、そんな負のオーラ全開で不安定極まりない子どもを近くで見てて、安心して離れられる親なんていないですよね。

私と両親（主に母）は【自由になりたい子ども VS. 子どもが心配な親】で毎日のようにケンカをしていました。私は「こんな家出て行ってやる！」と思いながら挑発的な態度をとっていたのに、親が怒り出すと「え……ほんまに追い出されるんちゃう？」と内心ドキドキしていました。

自分が親に対して嫌な態度をとっているのに、親には嫌われたくはないという矛盾……思春期って難しいですね。なので、母の「（いなくなればいいなんて）思ったことない」のひとことに心からほっとしました。

自分の意見をぶつけられるのは、相手に対する信頼感があるからこそだと思います。ちなみに「今すぐ家を出て、私は一人で生きていくんや!!」と考えてた 15 歳の私は、21 歳の大学卒業まで実家にいました。「いい加減出ていってくれ……！」と、言わず最後まで私の反発に応戦してくれた両親に感謝です。

Chapter 5

中学受験＆高校受験、不登校、
友人とのビミョーな関係……

子どもの「学校関連」で悩んだらこれで解決！

PICK UP!

Q24 先の見えない不登校

以前は楽しく学校に行っていましたが、去年から
時々休むようになり、中2になってから完全に不登校になりました。
塾にも通わなくなり、塾のリモート講義も受けようとせず、せっかく
クラスでトップレベルだった成績も急降下しています。
担任との折り合いが悪いのかそれとも友人関係なのか、
原因ははっきりしません。本人もよく分かっていないようです。
私が学校へ毎日休みの連絡をするのですが、
これがいつまで続くのかと思うと気持ちが沈み、
絶望感を感じている自分に対しても嫌になります。
心の持ちようを教えてください。

（中学2年男子の母）

まさか部屋で
そんなことしてたなんて！

A

今や不登校は一つのライフスタイル 家での時間を充実させよう

楽しそうに学校に通っていた子が急に休むようになり、親も子もその原因が分からない。こういった状況は親にとっても不安が増しますよね。今までは普通のことだった「登校」ができず、普通でなくなった我が子に戸惑ってしまう、とか、子どもが家にいることで親の予定も立てづらくイライラしてしまう、というような話も聞かれます。

親の心の持ちようとしてまず大切なのは**「登校ありきで考えないようにする」**ということですね。不登校も立派な選択肢の一つ。まずは親の意識改革が大切です。

子どもを無理に登校させるのはリスクがあります。例えばお子さんの不登校の原因がいじめだった場合。登校させることで被害が大きくなりますし、お子さんは無理に登校させられたことで親への不信感を高めます。唯一落ち着ける空間だった家の中が、親との関係悪化で居づらくなるとどうなるでしょう。学校や家以外で居場所を探すようになります。町中や駅前などをフラフラしたり、知らない人と連絡するようになったり、ネット空間で居場所を探したり……。

学校に行かなくても家で充実した時間を過ごすことはできます。家での時間を安らかな気持ちで過ごせるようにしましょう。本人がやりたいことをたっぷりやらせてあげることも大事です。

もし子どもが「学校にはもう行かない」という決意をしたならば**「学校に通う以上に充実した時間を過ごす」ことを目標に**して、親子でそこに向かっていくのがよいでしょう。

今はネットでもいろいろ学べる上に、オンライン講義の幅もどんどん広がっています。学校に通わずとも自宅で勉強するための環境が十分に整えられます。英語一つとっても、オンラインでネイティブと話したりＡＩ英会話アプリで勉強したりしたほうが学校の授業よりも上達しますよね。子ども一人ひとりの得意不得意に合わせられる分、オーダーメイドの授業が実現できます。**学校に通うよりも子どもの個性をより伸ばせるかも**しれません。

ただ、子どもは自分で物を買うこともできませんし、そもそもどんな選択肢があるのかも分かりません。親が環境づくりのためのサポートをすることが重要です。発明王として名高いエジソンも、影に母の援助がありました。息子が思う存分好きな実験ができるよう支えたのです。

エジソンは3年生で小学校をやめました。好奇心が旺盛だったエジソンは素朴な質問を繰り返しては先生を困らせていたそうです。先生から暴言を吐かれていることを知った母のナンシーは激怒し、学校をやめさせました。そしてナンシーは、エジソンが「なぜ」を口にするたびに「じゃあ調べてみようか」と、2人で図鑑を眺めながら自宅で教育していったそうです。実験に夢中になったエジソンは、お小遣いで化学薬品を買い、思う存分実験に没頭していきました。あのとき彼を小学校に無理やり行かせていたら、そして、母のナンシーの温かい援助がなかったら、白熱電球の発明はもっと後のことになっていたことでしょう。

学校に行かずとも学びを止める必要はありません。選択肢はたくさんあり、学校だけが全てではないことをまずは親自身が理解しましょう。そうすれば、子どもの選択を受け入れられると思います。

親野's POINT

学校に行けなくて自信をなくしてしまっている子どもに対して自己肯定感を持てるような声掛けを親がしてあげよう。

Q25

子どもが「学校に行きたくない」と言う日が増え、不登校の一歩手前です。行きたくない理由を知りたいのですが、うまく聞き出す方法はありますか？

（高校1年女子の母）

A

問い詰めず、ひたすら共感的に話を聞く

子どもが「学校に行きたくない」と言うときに考えられる主な理由を132ページのコラム5にまとめました。ぜひ参考にしてください。

親としても子どもが学校に行きたくない理由は気になりますよね。**子どもから理由を聞き出すときに大切なのは「共感的に聞く」ということ**です。「そうなんだ。それは困るよね」「大変だね」「苦しいね」「嫌になっちゃうよね」と、ひたすら共感的に聞きましょう。

親が共感的に聞いてくれると子どもは話しやすくなります。たくさん話すことができれば、溜まっていたものを吐き出すことができ、それだけでも少し気持ちが軽くなります。また話している中で**子ども自身が自分の気持ちや問題点を整理することもできます。**

そして、自分の話に共感してくれた親に対して大きな信頼を寄せるようになります。「自分の気持ちを分かってくれた。自分の大変さを理解してくれた」と感じるからです。同時に、親の方にもたくさんの情報が入るので、理由などが見えてくる可能性も高まります。

子どもが話したくなさそうな場合は無理強いしないようにしましょう。「何かあったら話してね」「お父さん、お母さんはいつもあなたの味方だよ」と親が気にかけていることを伝えます。そうすれば、一緒に散歩をしているときやおやつを食べているときなどに、ふと話し出すこともあります。

Q26

小さい頃のような家への友人の行き来がなくなり、娘の学校での交友関係が分からなくなりました。どんな仲間と付き合ってるのか……気になります。

（高校1年女子の母）

A

子どもが自分から話しやすい雰囲気を作っておく

学年が上がるにしたがって、親は子どもの交友関係を把握しきれなくなっていきますよね。

子どもに尋ねる場合は「この頃○○ちゃんとはどう?」くらいの軽い聞き方がおすすめです。さらっと尋ねてみて、話してくれれば御の字ですが、**嫌がったらそれ以上詮索するのはやめましょう。**

そもそも**この時期の子の交友関係は親に分からないのが普通**です。不信感を持たせてしまうだけですので、子どもが話したがらないのに無理に聞き出すのは控えましょう。

良い親子関係を維持し、子どもが話をしやすい雰囲気作りに努めましょう。「友達とトラブルが起きた」「グループ内での人間関係に悩んでいる」など、いざというときにすぐに話しやすい状態にしておきます。これが本当に大事なことです。日頃からガミガミ叱ったり正論を押しつけたりしていると子どもとの関係は悪化してしまいます。

親としては心配がつのりますが、子どもの「立ち入ってほしくない」という気持ちを尊重したいものです。**日頃から話しやすく相談しやすい雰囲気を作ることが親の仕事**です。

そしてある程度は**待つことも大事**です。

Q27

中学受験をさせたいのですが、本人はモチベーション低め。受験に熱心な夫と息子との関係もあまりよくありません。なんとかやる気を出させるには？

（小学5年男子の母）

A

受験よりも子どもの心身の健康が大切です

こちらの相談者さんのお話を詳しく聞くと、お父さんは子どもが勉強しないことに腹を立てて勉強用具をゴミ箱に棄てたり、子どもが読んでいた雑誌を取り上げて投げつけたりしたことがあったそうです。

私が改めて感じたのは、**中学受験で子どもに無理をさせることの弊害がいかに大きいか**ということです。こういう話は氷山のほんの一角であり、同様の事例は密かに多く起きています。事件にならないとメディアが報道することはありませんが、**将来の大きな事件の元になりかねない親子の確執が、家庭という密室の中で生み出されている**のです。

そもそも10歳ちょっと過ぎたくらいの子どもたちにとって、毎日長時間の勉強をやり続けるというのは不自然なことです。発達段階から見ても、この年代は毎日楽しく遊びまくる、時間を忘れて自分がやりたいことに没頭するという姿が自然です。**黄金の少年少女時代の最後の時期**なのです。にもかかわらず、やりたいことをやる時間は取り上げられ、毎日難しい勉強をやらされ、やらないと叱られる……。この年代の子どもたちにとって親からそのように辛く当たられるのは、苦痛以外の何物でもありません。

本格的な思春期・反抗期が始まる前のことを思春期前期と呼びます。この大切な時期に良い親子関係を築き、親への信頼感を育てることで、子どもは他者信頼感を持てるようになります。また、自分を肯定してくれる言葉をたくさんもらうことで、自己肯定感を持てるようになります。そして、自分が本当にやりたいことを十分やることで、生きる喜びを味わったり、物事に主体的に取り組む自己実現力が育ったりする時期でもあります。

ところが、**この大切な時期に、無理な中学受験によって真逆な方向に進んでいる親子がたくさんいます。**例えば「親から叱られ続けることで自己肯定感が持てなくなり、自己否定感にとらわれるようになる」「やらされることばかりやっているうちに、自分がやりたいことを自分で見つけて取り組む主体的な自己実現力が持てなくなる」「ギリギリの成績で合格し、入学してからも苦しい状態が続き、重苦しい思春期になってしまう」などです。

無理な中学受験でなく、**子どもの人生全体を見据えた上で持続可

能な中学受験を目指してほしいと思います。例えば「無理な目標設定をせず、本人ができる範囲の頑張りで届く目標にする」「遊びも含めて自分がやりたいことをやるなど、子どもらしい健全な生活を楽しみつつ勉強する」「少し余裕を持って受験に臨める学校に進学し、ゆとりのある状態で豊かな思春期を過ごす」などです。

親が中学受験に一生懸命になるのはそもそも子どものためのはずです。それならば、**この時期の子どもにとって一番大切な自己肯定感・他者信頼感・自己実現力などの涵養**を、目の前の受験勉強によって犠牲にしていないか細心の注意を払うべきです。

最後に付言しますと、中学受験への強いモチベーションがない、まだ自己管理力が育っていない、学力が伴っていないなどの状態にある子は、潔く中学受験から撤退し、高校受験で勝負した方が良い結果が得られる可能性があります。

COLUMN 5

子どもが不登校を選択したら……親が知っておきたい知識と対処法

こちらのコラムでは、不登校についての一般的な知識や、もし自分の子どもが不登校になったとき、どのように対処していくと良いかについてお話ししたいと思います。

子どもが不登校を選択する理由

子どもが「学校に行きたくない」と言うとき、理由としては次のものが考えられます。

・友達関係（いじめも含む）
・担任の先生との関係
・担任ではないけれど苦手な先生の授業がある
・集団的な行動が多い学校のシステムそのものが苦手
・勉強面のこと（苦手な教科の授業が今日あ

る、勉強が分からない、授業についていけないなど）
・給食の時間が辛い
・部活動が嫌
・家庭環境や親子関係の急激な変化による不安感
・生活リズムの乱れ
・漠然とした不安
・知能的障害や情緒的な障害

こちらに挙げただけでも子どもが不登校になる要因はさまざまで、ひと括りにはできないことが分かります。

不登校の現状と時代背景

近年、毎年不登校の児童・生徒の人数は増加の一途をたどっています。文部科学省の調査によると、２０２０年度の小中学生の不登校は19万人以上とのことです。また、２０１８年12月12日発表の日本財団の調査によると、不登校傾向にある中学生は、全中学生約325万人の10・2%にあたる約33万人です。つまり中学生の約10人に1人が不登校傾向なのです。

このような実態を見れば、学校という制度そのものが既に制度疲労を起こし、時代に合わなくなっているとしか考えられません。その最大の理由は、学校というところがみんなと足並みを揃えて一斉に行うという「集団主義」を前提にしているからです。つまり「みんな同じときに同じ場所で同じことを同じようにする」ということが大前提になっているのです。

今の時代は、技術的な革新によって社会全体にいろいろな価値観やライフスタイルが浸透してきています。言い換えると「多様性と流動性」の時代でもあります。大人も子どももみんなと同じようにすることが良いのではなく、個人個人にとって最適な選択(個別最適化)ができるような時代になってきているのです。これからはそれがさらに加速するでしょうし、私はそれは良いことだと思います。でも、このような社会の変化に対して学校の変化は追いついていません。

「学校に行きたくない」と言い出したら

親としては、子どもが突然「学校に行きたくない」と言い出したら焦りますよね。そういうときはどうしたらいいのでしょうか？

まず大事なのは月並みですが、親が落ち着いて冷静になることです。ここで親が焦ってパニックになってしまうとよくありませんので、深呼吸などして努めて冷静になってほしいと思います。こういうとき、焦りもあって「何を言ってるの。行かなきゃダメでしょ」と叱って強制的に行かせようとする人もいますが、これには大きなリスクがあります。

もちろん、ちょっと背中を押すことでそのまま登校できるようになることもないわけではありません。でも、皆がこうなるとは限りません。これは誰にも分からないことであり「どういう状態ならどうなる」とマニュアル化ができない部分です。そのときの子どもの様子をよく観察し、判断するしかないのです。ですから、そのまま学校に行けてしまう可能性もある反面、リスクもあることを認識しなければなりません。無理に登校させられた子は、学校で非常に苦しむ可能性があるからです。また、家にいても安心できない、となったとき、子どもは居場所や逃げ場所を失ってしまうということもあります。それによって最悪の結果を招く可能性もあります。

親には悪気はないのですが、一方的に励ましたりアドバイスしたりすることがよくあります。叱って強制的に行かせるまではいかなくても「大丈夫だよ。困ったら先生に相談すればいいよ」とか「友達に頼んでみればいいよ」などと言ってしまうのです。でもこのような言葉は、精神的に限界状態の子どもにとって一方的なお説教に過ぎず、余計に追い詰められるだけです。そして子どもは「自分の話は全然聞いてもらえない。この人には分かってもらえない」と感じ、親に対して大きな不信感を持つようになります。

まずは子どもの話をしっかり聞くことが大事です。「そうなんだね」「それは困るね」「嫌だよね」と共感的に聞きましょう。「それでどうしたの？」とさらに話を促したい場合も、語調をきつくしないで穏やかな言い方に徹しましょう。

子どもにとって家を安全な基地にする

このようにして理由や原因を探りつつも、子どもの気持ちを最優先にして、少しでも安らかな気持ちでいられるように対応しましょう。そのためには、親が「登校ありき」の姿勢で接しないということが大事です。

親が子どもを登校させることを最優先にしていると、それは必ず子どもに伝わります。それだと、子どもは家にいても安らぐことができず、精神的に追い詰められていきます。学校にも家にも居場所がない状態は危険ですから、せめて家は安全な基地にしてあげてほしいと思います。

多くの場合、ただでさえ子どもは学校に行かず家にいることに罪悪感を感じています。他者からは、家にいるからのんきに気楽にしているように見えるかもしれませんが、決してそんなことはなく、自分を責めたり否定したりして一人で苦しんでいることが多いのです。ですから、せめて親が子どもを余計に苦しめるようなことはしないでほしいと思います。できるだけ安らかな気持ちで家にいられるようにしてあげてください。その方がいろいろな問題も解決しやすくなりますし、事態が良い方向に向かっていく可能性も高まります。少なくとも最悪の結果を招くリスクは下がります。

Chapter
6

万引き、髪染め、
うちの子がいじめの加害者？……

子どもの「非行」で悩んだら これで解決！

PICK UP!

Q28 ある日突然金髪に！

容姿が気になってきた娘、
最近は勉強よりメイクやダイエットにご執心です。
こないだとうとう、こっそり美容院で
金髪のインナーカラーを入れてきました。
校則が厳しい学校なのですぐに染め直させましたが、
このままだと髪染めにとどまらず、
不良行為がエスカレートしそうな気がします。
なんとかこの段階でとどまらせ、心を入れ替えさせたいです。
素行を良くさせるにはどうしたらいいんでしょうか。

（中学3年女子の母）

烈火のような母の怒りに 息子も父も肩身が狭い……

A

髪染めをしたかった子どもの話を傾聴しよう

校則の厳しい学校に行かれているお子さんが、突然髪を染めてきたとなるとお母さんも冷や汗をかかれたことでしょうね。

学校によって校則の内容もまちまちですが、そもそも「校則違反」といっても、**近年は校則自体が時代の流れに合っていないことが多い**です。髪染めについても、今の子どもたちの感覚と大人世代の感覚は全く違っています。

この時期の子には**メイク、ダイエットはもとより髪染めも普通によくあること。**この感覚の違いの大きさについて理解する必要があります。子どもが校則違反をしたからといって、一方的に叱らないことです。まずは子どもの話をたっぷり共感的に聞きましょう。どうして髪を染めたかったのか、髪を染めてどうなりたかったのか……それに対して返ってきた返事にも、否定的な反応はせず「そうだったんだね」「それは染めてみたくなっちゃうよね」などと共感的に聞きましょう。

しっかり子どもの気持ちを受け止めた上で、親の考えや気持ちも伝えます。そのままエスカレートしてしまうのではないか、校則を破ることで退学になる可能性もあるという不安や、やっぱり最低限の校則は守ってほしい、という思いを話します。**親子で腹を割って話し合い、お互いの考えを理解しましょう。**そしてときには親が子どもに歩み寄る姿勢も大切です。

親野's POINT

校則よりも、子どもの感覚のほうが時代の流れに合致している場合が多い。まずは冷静にお互いの考えを話してみよう。

Q29

仲のいいグループ内で「あの子を一緒に無視しよう」などと持ちかけられているようです。娘は今は拒否しているらしいけれど……助言するなら？

（小学5年女子の母）

A

自分の気持ちを突き通したことを褒めてあげる

我が子がいじめをしていたという事実は親にとっても大きなショックです。こちらのお子さんはその一歩手前のところまでいっていたとのことですが「無視に加担してはいけない」と自分自身で踏みとどまれたのですね。

何か悪い誘惑があったとき、子どものブレーキになるのは**「大切にしてくれている親に心配かけたくない」という気持ち**です。親の愛情を実感できている子は自分で自分を大切にするようになります。

居心地の良い家庭の中で、自己肯定感と他者信頼感を育み、親子の信頼関係をしっかりと構築しておくことが大切です。これが子どもの心にブレーキを作る一番の近道です。

こんな報告があります。大阪市立大学の森田洋司名誉教授の研究によると、**学級内で「いじめを止めようとする群」の生徒たちは親子関係が良く、「いじめを増大させる群」の生徒たちは親子関係が悪い**という、顕著な相関関係があったことが明らかになりました。この研究でも、親子関係を良くすることの大切さが分かります。

今回のお子さんの場合は未遂で済みましたが、我が子がいじめの加害者になっていた場合、どのように対処すべきでしょうか。対処の例を152ページのコラム6に詳しく掲載しました。ぜひご覧ください。

Q30

「友達に万引きに誘われた」とサラリと言ってきた娘。その場は踏みとどまったそうですが、今後また同じことがあるのでは……。

（高校1年女子の母）

A

踏みとどまらせるには良好な親子関係が鍵

思春期にはこういう悪い誘いを受けることがあります。悪事に足を踏み入れるかどうかギリギリの選択を迫られたとき**ブレーキをかけられるか否かが人生の分かれ道**と言ってもよいでしょう。

親子の関係が良い場合**「大好きな両親を悲しませたくない。泣かせたくない。心配させたくない」**という意識が働き、正しい選択ができるようになります。

ところが親子関係が悪い場合、そのブレーキが利かなくなってしまう可能性が高まります。場合によってはブレーキどころか「親が自分のことを心配するか見てみたい」「どうせ親は自分のことなんて何とも思ってないし」という気持ちすら生じて、アクセルになってしまうこともあるのです。

このように、親子関係を良くしておくことは親たちが考えている以上に大切なことです。相談者さんは、また同じような誘惑が子どもにあったときに踏みとどまれるかどうか心配とのことですが、これも**良好な親子関係が鍵**となってくるでしょう。日頃から子どもとの信頼関係をしっかり築いておくようにしてください。

あなたのことを気にかけてるよ、というメッセージも、直接伝えたりメールや手紙などで折に触れて伝えたりするといいと思います。

Q31

娘がマッチングアプリを使っていることが判明。なんでこんなことになったのかと戸惑いを隠せません。まず親としてどうするべき？

（中学2年女子の父）

A

まずは落ち着いて、子どもの話を共感的に聞く

親としてはショックですし、戸惑うのは当然のことだと思います。でも、その気持ちをストレートに出して、**感情的に叱りつけたり暴力を振るったりはしないでください。**子どもが激しく反発したり、心を閉ざしてしまったりする可能性が高くなるからです。

まず冷静になることが非常に重要です。そして、子どもの話を共感的に聞いて、気持ちや考えを理解してあげてください。その上で、親として心配する気持ちを伝えましょう。SNSに個人情報を書き込まないことや、知り合った人と会うことに伴う危険性などについても話しましょう。娘さんとのコミュニケーションを大切にしてくださいね。まずはそのようなアプリを使用したことについて「どうしてこんなアプリに登録したの？」「何がきっかけだった？」などと、落ち着いて話を聞いてあげましょう。このとき、**親の動揺から子どもを頭ごなしに叱責したり否定したりしてはいけません。**

子どもと話した結果、子どもが相手側から被害を受けていたり、子どもに妊娠の心配があったりする場合もあるかもしれません。親だけで解決するのが難しいと思われる場合は、**弁護士や児童相談所、警察など外部機関に相談**しましょう。「○○市（お住まいの自治体）中学生相談」などでネット検索すると、専門的な知識や技術を持った公的機関を探すことができます。場所によっては匿名での相談も受け付けてくれますので力を借りましょう。

Q32

子どもの犯罪行為をもし見つけたらどうしたらいい？最近悪いグループと関わり始めたようで心配です。そこに至るまでに食い止めるには？

（中学2年男子の母）

A

「自分は親から愛されている」という実感を

子どもが親に対する愛情不足感を持っていると、反社会的な行動をしてしまうことがあります。自分の行動に対して**親がどういう反応をするか見てみたいという衝動が働く**のです。親が涙を流してパニックになったりする姿を見て「こんなに心配してくれている。愛されている証拠だ。よかった」と安心したいという気持ちもあります。

子ども扱いしすぎることによる小言や否定的な言葉は、思春期・反抗期の子には逆効果と18〜19ページでお伝えしました。でもはっきり「ダメ」と言わなければならないときもあります。例えば、人の心や体を傷つけること、非常に危険なこと、法律に反するなど反社会的なこと、人間として許されないことなどについてです。こういうことについては、子どものために勇気をもって臨む必要があります。明らかに間違ったことをしているのに**見て見ぬ振りで放置していると、逆に子どもは親に不信感を持つように**なります。「なんで止めてくれないの？　この人は俺がどうなってもいいと思っているんだ。真正面から向き合ってくれていない」と感じてしまうのです。

普段から子どもが愛情を実感できていれば、子どもの犯罪行為を未然に食い止められる可能性があります。「いつも味方だよ」「何かあったら話してね」などと普段から声を掛けたり、メール等で伝えたりしましょう。そしてもし**子どもが何か話してくれたらたっぷりと共感的に聞く**ことも大切です。

COLUMN 6

もしも子どもがいじめの加害者であっても、親は子どもの理解者でありたい

我が子がもしいじめをしていたら……。あまり考えたくないことですが起こりうることではあります。いじめの事実が判明しても、いたずらに混乱したりその子の全てを否定的に捉えたりする必要はありません。このコラムでは、子どもがいじめの加害者だった場合の親の対処法についてお話ししたいと思います。

大切なのは冷静に事実をつかむこと

もしも我が子がいじめの加害者になっていたと知ったらどのように対処すべきでしょうか。

例えば他の保護者から「おたくのお子さんが〇〇ちゃんをいじめているようだ」などと指摘を受けたとき、全く事実を確認することな

く「うちの子がそんなことをするわけがない。証拠はあるのか?」などと、いきなり感情的になってしまう保護者がいます。我が子を守りたい一心なのでしょうが、これでは決して本人のためになりません。まず大切なのは事実をつかむことです。

本人に話を聞くときに大切なのは、子ども自身の口から本当のことを言えるようにしてあげることです。感情的な詰問口調にならないようにしてください。または「いじめなんかしてないよね。してないなら『してない』って言いなさい」というように、つい都合のいい方に誘導尋問してしまう人もいますので、これも気をつけてください。

子どもへの話し方の例

子どもに次のように伝えてみましょう。

「正直に全部話してほしい。間違ったことをしたなら、それを話してほしい。話しにくいことも正直に話してほしい。それがつぐないの第一歩だよ。これからどうしたらいいか一緒に考えよう。謝るべきことはちゃんと心から謝って許してもらおう。お母さん・お父さんも一緒に謝るからね」

日頃から親子の間に信頼関係があれば、子どもは本当のことを話せます。親を信頼していれば、「正直に話しても親は受け入れてくれる。間違ったことをした自分を正しい方に導いてくれるし見捨てることはない。自分と一緒に謝ってくれて、これからどうすればいいか一緒に考えてくれる」と思うことができるのです。

共感的に子どもの話を聞いてあげて、その上でやはり悪いことははっきり悪いと言ってあげてください。

「そうなんだ。そういうことがあったんだ。それは嫌だったね……。でも、だからといって仲間はずれやいじめが許されるわけではないよね。自分がやられたらどんな気がするだろうか？　相手の○○ちゃんは本当に辛かっただろうね」

「自分でも分かっていると思うけど、どんな理由があってもそれはやってはいけないことなんだ。そういうことはもう二度とやってはいけないよ」

「どうしたら許してもらえるか一緒に考えよう」

「こういうことは二度とやらないと心に誓おう。そして、○○君に心から謝ろう。お父さん、お母さんも一緒に謝るよ」

「でも、正直に話してくれてありがとう。正直に話すのは勇気がいるよね。自分の間違いに気づいて、正直に話してくれて嬉しいよ」

「誰でも間違えることはあるよ。でも、それを繰り返してはいけない。本当に反省して二度と同じ過ちをしないことが大事なんだ」

このとき「いじめられる子にも問題がある」というようなことは、決して言わないようにしてください。こういう考え方をしている限り心からいじめを反省することはできません。また「人をいじめるなんて、あなたはそんな子だったの？　あなたにはがっかりしたわ。そんな子はうちの子じゃありません」などと、子どもを見捨てるような言葉も決して言ってはいけません。

学校と協力しながら解決に向けて進む

子どもとしっかり話ができたら、続いて学校と連絡を取り合います。学校がつかんでいる事実があれば教えてもらい、家庭でつかんだ事

COLUMN6

実は伝えます。このとき、被害者である子どもや保護者と直接やり取りするのはやめてください。相手に聞きたいことや伝えたいこともあるでしょうが、学校を通して行いましょう。というのも、お互い冷静に話すのは難しいからです。相手のちょっとした言葉に過剰に反応して、必要以上に感情的な対立を招くこともよくあります。

子どもはみんな発展途上であり、分かっているようで分かっていないことがたくさんあります。ちょっとしたきっかけや心の隙によって道を踏み外してしまうこともあるのです。この機会に保護者が子どもと真剣に向き合い、しっかりした対応をすれば、子どもは本当に大切なことを学ぶことができ、大きく成長することができます。この機会に親子の絆を強くし、より一層の信頼関係を築くきっかけにすることもできるのです。

マンガで break time 3

ぴよととなつきの
「親野先生に聞いてみよう！」

きっかけはある日の友人の言葉でした……

1
私、反抗期ってなかったよーー
家族みんな仲良しで、両親を困らせたくなかったのかも〜〜。
へえ〜ッ
2
上の子は今高3だけど、反抗期なかったよ。
ちなみにうちは夫婦ゲンカもしないよーー♪
そんな夫婦いるん!?
3
ーー2人の話を聞く限り…
夫婦仲がいい ← 家庭の雰囲気◎ ← 子どもとの関係◎ ← 反抗期で悩まない!!
これだ!!!
テッテレー
4
すぐに取り入れた。
お父さんとお母さんは仲良し!!
うん。
うん。
??
あ〜〜!! 結婚して良かった〜〜!!
仲良し夫婦！ 仲良し家族を目指します

本当はどうなの？　教えて！　親野先生！

「先生こんにちは。さっそくですが『夫婦仲の良さ』って反抗期の有無に関係があるんでしょうか？」

「うーん。結論から言うと『一概には言えない』ですね」

「えっ!?　そうなんですか」

「まず前提として『反抗期が全くない』という子はいません。反抗期の大小はその子どもによるんです。うちの子に反抗期がなかった、と親が言うのは『反抗期がなかったように親側が感じた』というだけなんですね。思春期の子どもは誰しも自我の形成の真っ最中です。その過程で親に反抗するという行為は普通に起こるもの。大なり小なり発現しているものなのです」

「じゃあ『うちの子に反抗期はなかった』と親が思ってしまうような子って、一体どんな子なんでしょう？」

「『子ども』とひとことで言っても生まれ持った資質や性格はさまざまです。その中にはもともと、イライラやモヤモヤを自分の中で処理できてしまえる子、いわゆる『器の大きい子』というのもいたりします。器の大きい子の場合、反抗期も表に出にくいものです。ですので自分の子がたまたまそういう子だと『反抗期ないじゃん？』と感じることはありそうですね」

「自分自身に反抗期がなかったという友人は、両親の仲が良かったと言っています。子どもに反抗期がなかったと言っていた先輩ママは、夫との関係が良好だと言っていました」

「両親の仲が良いことは『反抗期を0にする』ことには繋がりませんが、大きなメリットはありますよ。まず、親がケンカをしないことで子どものストレスが減り、子どものメンタルが安定します。それによって反抗期の程度が軽くなることはあり得ます。また、夫婦がよく話し合い、しっかりコミュニケーションを取っているところを子どもが間近で見ることで、子ども自身に交渉力や伝達力が身につきます。また、仲のいい夫婦というのは子どもの話もよく聞ける傾向にありますね」

「やっぱり仲が良いほうがいいんですね！」

「そうですね。ただ、両親の仲がどんなに良くても、激しい反抗期を過ごす子どもがいるのも事実です。これは、その子の資質や性格にもよりますので一概に言えません。また、事前に親が何かをすれば防げるというものでもありません。ただ一つ言えるのは『反抗期がある＝悪いこと』『反抗期がない＝良いこと』ではないということです。先ほども言ったように反抗期は成長の証であり、子育てが順調である証拠です」

「うちの子はまだこれから反抗期を迎える年齢ですが、いつか反抗期が来たときはどんな風に接したら良いでしょう……」

「大切なのは『子どもの話を共感的に聞き民主的に対話する』ということですね。何か問題を起こしたとき、最初から感情的に叱ったりするのは何の解決にもなりません。まずは共感的に、子どもの話を良く聞くことです」

「場合によっては、親として子どもに共感できないと感じるときも正直あると思うんです」

「そうですよね。心からの共感はできないと思う場面もあると思います。でもそんなときでも『共感をしている』ように演じるくらいのつもりで、子どもに共感が伝わるように話を聞いてあげてほしいのです」

「演技力が試されるわけですね……」

「子ども自身が『自分のこと、分かってくれてる。受け止めてくれたんだ』と感じることが大切なのですよ」

「反抗期があるのは普通のこと、ということはよく分かりました。でもで

きることなら、軽く済んでほしいというのが本音です。壁に穴を開けられたくないし……」

「器が大きい子は反抗期が軽い場合があると先ほどお伝えしました。その一方で『生きるエネルギーが強い子』は反抗期が激しくなる可能性があります。そして、こうしたエネルギーが強い子は、将来大物になる可能性もあります」

「大物……！　そうなんですね！」

「親がいつまでも子ども扱いしていると反抗期は長引いてしまいます。一人の人間として尊重し、子どもの成長を見守っていきましょう」

「分かりました。私もこれから子どもの応援団として頑張ります！」

Chapter
7

何をすべき？　何ができる？
子どもへの対応、これで良いのかな……

親も「悩み期」真っ最中！

PICK UP!

Q33

あの頃の息子は今……。

これまで息子との関係は良好でした。
周りから見ても仲の良い親子だったと思います。
しかし**中学に上がった途端、突然やってきた反抗期。**
暴言を平気で発したり親を無視したりするようになり、
かわいかった息子はすっかり別人に。
変わってしまった息子が辛く、
小さな頃の写真を見るたびに心が沈みます。
お母さん～！ と駆け寄ってきてくれた
優しい息子はもういないんです。
今までの育て方が悪かったんでしょうか。

（中学1年男子の母）

子どもが成長しても抱っこは最強のツール！

1
子どもが成長して親子関係も距離ができてきた。
寂しい……
2
昔はあんなに抱っこを喜んでいたのに……。
ママだっこー!!
ずっと幼児でいてほしかったなぁ
3
今では――
おーーい
起きなさい！遅刻するよ。
う〜ん
4
5秒以内に起きないと抱っこ
フッ
起きた起きた起きたわッ!!
やめろ??
ガバッ
一瞬で目覚める呪文となっている。

A

子どもの心はいつかまた親の元に戻ってきます

思春期・反抗期の子どもとの接し方は難しいですよね。悩まない親はいないはずです。

中にはこちらの相談者さんのように「自分の育て方が間違っていたのでは」と思い詰めてしまう人もいるようです。でも、反抗期が来るというのは子どもが順調に成長している証拠です。育て方が悪かったのでは全くありません。まずは**「来た来た反抗期！」という感じで、心にゆとりを持つようにしましょう。**

幼かった息子さんと今の息子さんが別人のように感じるのも無理もないことです。この時期、子どもは大人に反抗しながら自我を確立して

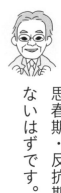

いっている最中です。**子どもは大きな壁である大人に対抗しなければならず、それが暴言や無視という形で発現**しています。

大体の場合、思春期・反抗期が終われば子どもの心がまた親の元に戻ってきて、良い関係を築けるようになります。しかしながらそうならない場合もあります。

それは、子どもに**「人格否定」「存在否定」の言葉をぶつけて、心を深く傷つけてしまった場合**です。

思春期・反抗期の子どもは親に対して挑発的で生意気な言葉を発することがあります。それを聞いた親がキレて感情的になったときが危険です。子どもに絶対に言ってはいけない言葉を発してしまうことがあるからです。例えば「卑怯なやつだ」「お前がいなければ……」などの言葉です。一度でもこういう言葉をぶつけてしまった場合、子どもの心が離れたまま元に戻らなくなることがあります。それが引き金で**思春期・反抗期が終わっても親の元に二度と戻ってこない**ということもあり得ます。

反抗期を経てひと回り大きくなり、頼もしくなった息子さんが戻ってくるその日のために、今はゆったりと構えつつ共感的・民主的な態度で子どもに接しましょう。また**反抗期の子には子ども扱いではなく、一人の大人として接するように**します。

「言ってはいけない言葉」に関する弊害については105ページのコラム4に詳しく紹介しました。ぜひそちらもご覧ください。

親野's POINT

子どもが別人のように変わるのは順調な成長の一段階。「あなたのことが大好き」など、まるごと肯定する言葉を掛けて。

親子で対等な会話をするためのポイント

親が高い目線のまま話をすると、子どもは威圧感や強制力を感じてしまいます。親子が平行な目線で話ができるよう、家では椅子の高さなどを工夫しましょう。

目線の高さを合わせる
椅子の座面の高さを動かして、子どもの座る位置が高くなるよう調節する

Q34

かわいい我が子です。でもどうしても子どもの不登校が受け入れられません。私の考え方を変えるべきと分かっていながらそれができません。

（小学6年男子の母）

A

子どもの幸せについてよく考えてみよう

相談者さんは「学校へ行くことは絶対」という思いにとらわれてしまっているのですね。

大事なのは学校に行くことではなく、自分のお子さんが幸せな生活・人生を送ること。そうではないですか？　学校はそのための一つの手段・道具・選択肢に過ぎません。手段や道具が目的になってしまっては本末転倒です。学校のために子どもがいるのではなく、子どものための一つの手段が学校です。目的は子どもの幸せです。

134ページでもお伝えしましたが、現在、**中学生の約10人に1人が不登校傾向にある**と言われています。学校で学ぶのに適していないとか、学校で学びたくないとか、学校以外で学んだ方がいいなど、不登校を選択する理由や原因はさまざまです。いろいろな事情の子どもがいるのは当然のことであり、いた方がいいのです。不登校であっても学びを止める必要はありません。むしろ子ども一人ひとりに合った学習のしかたを選択しやすくなると思います。今、不登校を選択する子たちは、教育における個別最適化の先駆者とも言えます。私たち大人こそ、そろそろ頭を切り替える必要があるのではないでしょうか？

相談者さんもどうか、お子さんを責めるのはやめて**「常にあなたの味方だよ」**というメッセージを全身で伝え続けるようにしてください。

Q35

学校が終わってから友達同士で遊ぶなど、一人での外出が増えてきました。どこまで心配をするべきか任せるべきか、さじ加減が難しいです。

（小学6年女子の母）

A

子どもを信頼しながら少しずつ手を離していこう

小学生の子どもだけの判断でどこまで外出をさせてよいか悩まれているのですね。いつかは子どもを信頼して任せるべきとは思いながらも判断に迷っていらっしゃるのでしょう。

確かに、外出中に一緒に出かけた友人から万引きなどの犯罪行為に誘われたり、商業施設の近くの刺激の強い場所に足を踏み入れてしまう可能性はあります。また、良からぬ意図を持つ大人などからの声掛けも心配です。とはいえ、**いつまでも外出を禁止するというのは現実的ではありません。**先ほど述べたような悪い誘いに乗らないように、安全に送り出すためにはどうしたらよいのでしょうか。

一つは**普段から親子関係を良好にしておくこと**です。「自分のことを大切にしてくれているお母さん、お父さんを悲しませたくない」という気持ちが湧き上がれば、いざというときに足を踏み外さずに済みます。もう一つはGPSやこどもケータイなど、**離れていても居場所が把握でき、連絡が取れる手段を持っておくこと**です。行き先、誰と行くか、何時に帰るかという昔ながらの約束も大切です。事前にこれらの情報を共有し、帰宅までに何度か連絡させるようにします。

また、事前の親子でのシミュレーションも大事です。外出にはどんな危険があるか、万が一危険な目に遭ったらどうするか、どこに逃げ込むかなどを話し合っておきましょう。防犯ブザーを携帯するのも有効です。

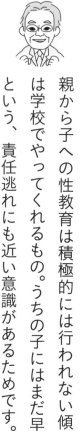

Q36

そろそろ胸が膨らみ始めているのだけど、本人はまだ幼いままの感覚。内側にシャツを着るよう注意をしますが「いつものお小言」と受け流され……。

（小学5年女子の母）

A

体の大切な部分はしっかり親が教えたい

親から子への性教育は積極的には行われない傾向にあります。「性教育は学校でやってくれるもの。うちの子にはまだ早いし自然に分かるよね」という、責任逃れにも近い意識があるためです。

「性教育は『寝た子を起こす』からやらないほうがいい」という考えが、まだ親の間でも先生の間にもあります。しかしこれは間違いです。**子どもはいつまでも寝てはいないですし、やがて起きます。**起きたときに正しい性教育の知識がないと、友達やネットの怪しい情報を得ることになってしまいます。

子どもは、自分が信頼している親や先生からであれば、性についての話も真剣に聞きます。性について正しく学ぶことで**性行為についても慎重な判断ができるようになり、身を守ることにも繋がります。**

ですから、**子どもの発達段階に応じて、子どもの反応を見ながら性について話してあげてください。**最近は絵本や動画など、子どもへの説明に適したツールが多く出ています。それらを一緒に見ながら話してあげると取り組みやすいでしょう。

プライベートパーツ（口、胸、性器、おしり。水着ゾーンとも言う）は自分だけが触ってよい大事な部分であること、外から見えないよう下着をつけることは大切で、防犯面でも重要なことだと伝えましょう。

Q37 うちの子は高3だけどまだまだ反抗期。全く言うことを聞いてくれません。一体いつになったら終わるんでしょうか？

（高校3年男子の母）

A 子どもを一人の大人として〝敬う〟ことです

「思春期・反抗期がいつ始まり、いつ終わるか」は、この時期の子を持つ親にとっては最大の関心事だと思います。

早い子なら女の子で小学4年生くらいから、男の子はその2年後くらいから思春期前期に入ります。本格的な反抗期は中学1年生の半ばくらいからが多いようです。さほど激しくなく短期間で終わってしまう子もいれば、相談者さんのお子さんのように高校3年生になっても、さらには大学生になっても激しい反抗期が続いているという子もいます。

長引く反抗期にはいくつかの要因があります。学校や友人関係など子どもが置かれている環境、また子どもの持つ性格や資質などもその一つです。**そして子どもに対する親の対応も大きな要因となります。**

思春期・反抗期の子をいつまでも「子ども扱い」して、その言動にいちいち切れて感情的に言い争ったり、細かいことでガミガミ叱ったりしていると反抗期が無駄に長引きます。

一人の人間として敬って**「大人扱い」している方が反抗期を順調に通過します。**そのためには、大人が一歩引いたところで、大きくドンと構えて見守ることが大事です。もちろん、これは引けないということは、ちゃんと正対して冷静かつ穏やかな言葉で伝えることも大事です。その際は、子どもへの愛情とリスペクトを込めて伝えましょう。

Q38

子どもが失敗するのが目に見えていて、先回りして上から目線でアドバイスをしてしまいます。良くないだろうと薄々は感じています。

（中学2年女子の母）

A

「横から目線」の助言を意識してみよう

大人も子どもも失敗から学ぶことも多いと思います。**致命的なものでなければ大丈夫と考えて、まずは見守る**というのも一つの手です。

とはいえ親としては心配になるものですし、できたらうまくいってほしいと願うのも当然の気持ちです。受験勉強や習い事など、親自身に成功体験がある場合は特に、自分の子どもには積極的にアドバイスをしたくなるものかもしれません。

まずは共感的に子どもの気持ちを聞くところから始めてみましょう。そしてもしアドバイスするとしたら、**上から目線ではなく横から目線**がいいですね。その方が子どもに受け入れられやすいはずです。

「上から目線」と「横から目線」はどう違うかというと、ちょっとした言葉遣いの差によるものです。アドバイスの内容ではありません。

例えば「○○しなければダメ。なんで○○しないの？　○○しないからダメなんだよ」などは上から目線。「○○するといいかも。○○してくれると嬉しい。お父さんは○○がいいと思う。お母さんのおすすめは○○」などは横から目線です。

横から目線の方が**押し付けがましくなく、子どもは自分に決定権があると感じられて応じやすくなります。**アドバイスするときはぜひ意識してみてください。

Q39

子どもの話を聞くことの大切さは分かりました。でも子どもからの過度な要求に従う必要はありますか？　ゴネ得だと思わせそう。

（中学3年女子の母）

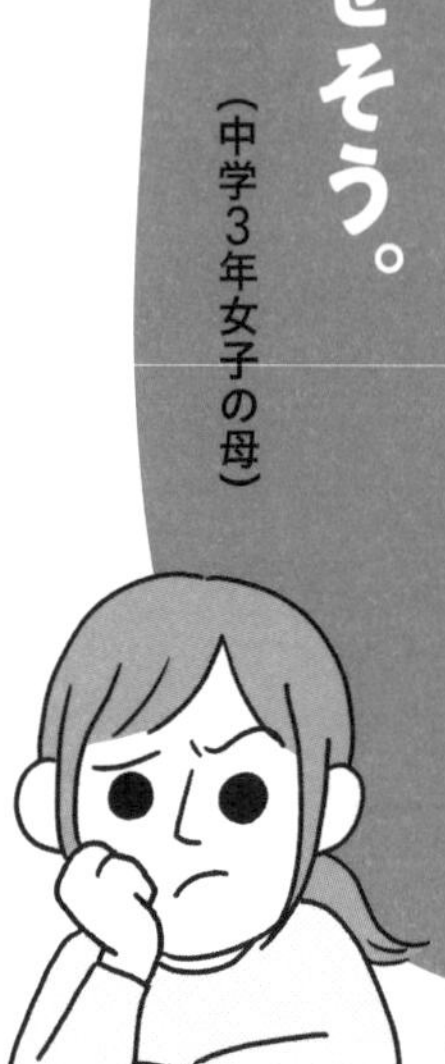

A

ゴネているのは親に安心して甘えているからです

いくら子どもからのお願いでも叶えられないこともあるもの。度の過ぎた無理難題を押し付けられてはＯＫも出せないですよね。

「無理を承知で言ってきてるな」「これは親の出方を試されてるな」、そんな風に感じても、**まずはたっぷりと共感的に子どもの話を聞いてあげましょう。**

その上で要求を叶えてあげられるものは叶えてあげて、無理なものは無理と伝えます。親に話を聞いてもらえて気持ちに共感してもらえると、それで子どもは結構満たされて諦めやすくなります。

親が子どもに「ゴネ得」させたくないのは**「家族だけでなく他人に対してもゴネてしまうのでは」という懸念を持っているから**です。同じような無理難題や過度な要求を、他の人の前でも言ってしまったらどうしようと心配になっているのです。

ですが、子どもは意外と外では言ってはいません。親にゴネるのは親に甘えている裏返し。**安心できる親だからこそゴネられる**のです。

なお、子どものお願いに対してのOKとNGの境界線は、親子の置かれている環境や状況、地域性にもよるため一概には言えません。その都度親子で話し合って民主的に決めていきたいですね。

Q40

子どもをかわいいと思えなくなっています。反抗期の子どもと接するたびに苛立ちを感じ、溜まったストレスに心が限界です。

（高校1年男子の母）

A

自分を楽にする方法を見つけてコントロールを

とにかく、心に留めておいてほしいのは、**仕事についてもストレスや悩みについても、一人で抱え込むのは良くない**ということです。絶対に一人で抱え込まないでくださいね。心にできるだけゆとりを持ち、ストレスをうまくコントロールしながら、辛くもかけがえのないこの時期を過ごしていってもらえたらと願います。

まずは、今抱えているお子さんのストレスから逃れる方法を探しましょう。ここで大事なのはこの**ストレスの捌け口を子どもにしないこと**です。もし子どもに当たってしまいそうになったら、深～く深呼吸をして落ち着きましょう。冷静さを取り戻すことが大事です。深呼吸はシンプルなリラックス方法ですが、とても効果があります。

ストレス発散にはいろいろな方法があります。例えば友人、ママ友、カウンセラー、専門家などに愚痴を聞いてもらいましょう。

他にもヨガ・ストレッチ・瞑想・運動・散歩・ジョギング・水泳・昼寝・音楽・掃除・アロマ・読書など、好きになれるものを探して趣味を持ってみてください。**趣味に没頭している間はストレスを忘れられます。**日頃から自分がゆっくりできる時間の確保に努めましょう。

仕事や家事などでやることが多い場合や、忙しすぎる場合はタスクの断捨離もしましょう。「手抜き家事」で検索するとさまざまな手抜きの工夫が見つかります。また、ワンオペ家事になっている場合は家族や夫婦で分担することも考えましょう。家族だけでは手が足りない場合は有料サービスを取り入れるのも一つの方法です。

心が限界になるまで毎日お子さんと向き合っているのですね。お辛いですよね。相談者さんはもしかしたら一日も早く、子どもの反抗期が終わることを祈っておられるかもしれません。反抗期はいつかは終わるものですが、どんなに願っても明日すぐ終わらせられるような魔法の方法はありません。**親である自分を変えていくほうがはるかに効果的**とも言えます。

もう一つの私のおすすめの方法は「ほめ写（しゃ）」です。ほめ写とは、写真を家に飾って家族を間接的に褒めることで、家族の自己肯定感を向上させる方法のことです。

スマホには良い写真がたくさん眠っています。子どもが赤ちゃんの頃のかわいい写真、赤ちゃんを抱っこして笑顔のパパとママ、七五三、入園・卒園・入学式・卒業式の写真、みんなでにっこり家族写真、笑顔の祖父母との写真、兄弟で仲良く遊ぶ姿など……。これらをプリントアウトして家の中の目につくところに貼ってみましょう。

子どもが小さかった頃の写真や、子育てを一心不乱にやっていた頃の自分の姿を改めて見てみましょう。自分も今まで結構頑張ってきたことを自覚すると思います。また、**子育ての初心に返ることができるので、子どもをかわいく感じられるようにもなります。**

ほめ写は子どもにも効果的です。子どもが日頃から家族の心温まる写真を目にしていると、自分が親や家族に愛されていると実感できるようになります。無理のない範囲でぜひ試してみてください。

おわりに

本書をお読みいただき、ありがとうございました。最後にいくつか皆さんにお伝えしたいことがあります。

まず私がお伝えしたいのは、皆さんはお子さんのために既に十分頑張っていらっしゃるということです。そもそも本書を手にしてくださったこと自体が、お子さんのためを思ってのことです。親として我が子のためにできることを知りたい、という気持ちは本当に愛情そのものです。お子さんに代わって私がお礼を言いたいくらい、ありがたくも貴重なお気持ちです。

本当に、親という仕事は一筋縄ではいかない大変さがありますよね。小さいときには小さいときなりの大変さがあり、思春期になればまた別の大変さがあります。そんな中で一生懸命やっていらっしゃるのです。苦しいときは、生んだだけでも大したものだと自分を褒めてあげましょう。

反抗期の子を持つ親としてはいろいろな葛藤があると思います。頭では「順調な成長の証拠」と分かっていても、実際に反抗されればイラッときます。そんな毎日が続けば誰でもストレスが溜まり落ち込みます。「誰のおかげで大きくなれたんだ？　どちらが偉いか分からせたい」という気持ちにもなると思います。

また、子どもがやるべきことをやらずにだらしがない・時間にルーズ・生活習慣が乱れている・片づけをしない・勉強しないなど、いろいろな悩みもあるはずです。「このまま大人になったら困る。今のうちに何とかしなければ。直させなければ」という気にもなると思います。

それらの対処法については、本書の中でいろいろ紹介してきましたが、最後にもう一度大事なことを確認したいと思います。

親としてはどうしても子どもの短所などが目につき、自分の育て方が間違っていたのではないかと心配になると思います。でも、実はそれらは生まれつきの資質によるところも非常に大きいのです。ですから、自分を責めないでください。そして、子どもも責めないでください。なぜなら、その子が特にサボってそうなっているわけではないからです。

そして、「今のうちに直さなければ、大人になってからでは直らないのではないか」という心配も無用です。なぜなら、大人になってからの方が直る可能性が高いからです。大人になれば、仕事・生活・自分の人生などについて、今より真剣に考えるようになるからです。

大人になり、仕事でもプライベートでも本当に自分がやりたいことが見つかってそれに向かって努力を始めたとき、時間にルーズなままでは達成できないことが分かります。だらしがなくて書類の管理ができなければ仕事がクビになるかもしれません。こうしたとき自己改造の必要性を痛感します。そこで初めて本人の内面的モチベーションのスイッチが入り、「直そう」と決意するのです。

親はそれを信じて上手に待つことが大事です。そして、上手に待つためのコツは次の2つです。

①自己肯定感を育てながら待つ
②親子関係を良くしながら待つ

自己肯定感があれば、「これを直したい。直さなければ」と思ったときに、「自分ならできる」と思えます。それで実際にスイッチを押すことができるのです。でも、自己肯定感がボロボロになっていると、「直したい」と思ったときも「でも、どうせ自分には無理だ」となってしまい、いまひとつスイッチが入らなくなってしまいます。

また、親子関係が良ければ本人がやる気スイッチを押したとき、応援することができます。親子関係が崩壊していると、せっかく本人が頑張り出しても応援することができなくなる可能性があります。さらに、親子関係が良ければ、思春期・反抗期に危ない誘いがあったときも、「自分のことを大切にしてくれる親に心配かけたくない」という気持ちが働きます。これが強烈なブレーキになり、道を踏み外さなくて済みます。

ということで、ひたすら自己肯定感と親子関係の2つを大事にしながら待つようにしてください。では、どうしたら良い親子関係が作れるのかということになりますが、それについては次のことが大事です。

・否定的な言葉をやめて肯定的な言葉にする

・子どもの話を共感的に聞き、民主的な対話をする
・細かいしつけを優先しないで、居心地のいい家庭にする
・親のやらせたいことより本人のやりたいことを優先して応援する
・子ども扱いしないで一人の人間同士としてリスペクトして接する

思春期・反抗期を迎えた子はもう子どもではありません。巣立ちのときは目の前です。反抗期はその直前のトンネルであり峠越えでもあります。大変ではありますが、ぜひ今の一日一日を大いに味わってください。振り返ってみれば、愛おしくてかけがえのない日々だったということになるはずです。

私ができる範囲で精いっぱい提案させていただきました。少しでも皆さんのお役に立てれば幸いです。

2023年6月　親野智可等

親野 智可等（おやの ちから）

教育評論家。本名、杉山桂一。長年の教師経験をもとに、子育て、しつけ、親子関係、勉強法、学力向上、家庭教育について具体的に提案。人気マンガ「ドラゴン桜」の指南役としても著名。Twitter、Instagram、YouTube、Blog、メールマガジンなどで発信中。オンライン講演をはじめとして、全国各地の小・中・高等学校、幼稚園・保育園のＰＴＡ、市町村の教育講演会、先生や保育士の研修会でも大人気となっている。

ホームページ　https://www.oyaryoku.jp
Twitter　https://twitter.com/oyanochikara
Instagram　https://www.instagram.com/oyanochikara/

＃反抗期まるごと解決 BOOK
のハッシュタグをつけて、本の感想や
子育てのリアルなお悩みを聞かせてください。

出典元
青少年の暴走には脳の変化と感情面の実行機能に関係がある（森口佑介／テンミニッツ TV）
夏休み、子どもの「ゲーム依存」を防ぐには（藤本徹／東洋経済オンライン）
令和２年度　児童生徒の問題行動・不登校等生徒指導上の諸課題に関する調査結果の概要（文部科学省）
不登校傾向にある子どもの実態調査（日本財団）

反抗期まるごと解決BOOK

2023 年 7 月 10 日初版第 1 刷発行

著　者　親野智可等
発行者　廣瀬和二
発行所　株式会社日東書院本社
〒113-0033
東京都文京区本郷 1-33-13　春日町ビル５F
TEL：03-5931-5930（代表）
FAX：03-6386-3087（販売部）
URL http://www.TG-NET.co.jp
印刷所　三共グラフィック株式会社
製本所　株式会社セイコーバインダリー

Chikara Oyano 2023,Printed in Japan　ISBN978-4-528-02429-8　C2077